Kronik

Dakikalar İçinde
ATATÜRK VE DÜNYASI
Askerî, Siyasi ve Özel Hayatı

—

İLBER ORTAYLI

KRONİK KİTAP: 368
Dakikalar İçinde: 15

YAYIN YÖNETMENİ
Adem Koçal

EDİTÖR
Can Uyar
Erhan Çifci

KAPAK TASARIMI
Kutan Ural

MİZANPAJ
Kronik Kitap

KAPAK FOTOĞRAFI RENKLENDİRME
YİĞİT ALP KIRIK

1. Baskı, Şubat 2023, İstanbul
10. Baskı, Mart 2026, İstanbul

ISBN
978-625-6989-17-7

KRONİK KİTAP
Şakayıklı Sk. N°8, Levent
İstanbul - 34330 - Türkiye
Telefon: (0212) 243 13 23
Faks: (0212) 243 13 28
kronik@kronikkitap.com

Kültür Bakanlığı Yayıncılık
Sertifika No: 49639

www.kronikkitap.com
  **kronikkitap**

BASKI VE CİLT
Optimum Basım
Tevfikbey Mah. Dr. Ali Demir Cad. No: 51/1
34295 K. Çekmece / İstanbul
Telefon: (0212) 463 71 25
Matbaa Sertifika No: 41707

DAKİKALAR İÇİNDE
ATATÜRK VE DÜNYASI
ASKERİ, SİYASİ VE ÖZEL HAYATI
İLBER ORTAYLI

Kronik

İçindekiler

BÖLÜM 4: BİRİNCİ DÜNYA SAVAŞI ÖNCESİ GELİŞMELER

BÖLÜM 5: BİRİNCİ DÜNYA SAVAŞI

BÖLÜM 6: MÜTAREKE DÖNEMİ

Giriş

Mustafa Kemal'in doğduğu günlerde Osmanlı İmparatorluğu'nun sınırları Adriyatik Denizi'nden başlıyordu. İmparatorluk, Avusturya-Macaristan'la komşuydu; yeni kurulan Romanya, Sırbistan ve Karadağ, Berlin Antlaşması sayesinde imparatorluktan kopmuştu. İmparatorluğun doğudaki sınırları ise Berlin Konferansı sonrası, bugünkü Kars ve Doğu Beyazıt'ın elimizden çıkmasıyla çizildi. Ama henüz günümüzdeki Irak, Suriye, Lübnan, Ürdün, Filistin ve İsrail'in bulunduğu geniş bölge ve Suudi Arabistan, Türk İmparatorluğu'ndaydı. Mısır, İngiliz işgalindeki mümtaz bir prenslikti ve gerçekten İstanbul ile bağları devam ediyordu. Bugünkü Libya ise Trablusgarp vilayetiydi. Akdeniz adaları batıdaki Kiklad Adaları (Kyklades) hariç Türkiye içindeydi. Söz konusu bölgelerdeki çeşitli dinlere, dillere mensup renkli topluluklar bu devletin tebaasındaydı.

Küçük Mustafa, Balkanlar'ın merkezi konumundaki Selanik'te doğup o muhitte büyüdü. İstanbul'a gelene kadar orada okudu, orada yetişti. Burası taşra değildi. Bazı yönleriyle İstanbul'dan daha renkli ve dünyaya açık bir bölgeydi. Bu bölgede yetişen insanlar, ister mülkiye memuru olsunlar ister asker, imparatorluğun her bir köşesinde hizmet görebilirdi. Mustafa Kemal'in hayatı da Selanik'te, Balkan dağlarında, Sofya'da, Şam'da, Filistin'de geçti; Trablusgarb'ta Osmanlı Afrika'sının son zamanlarında İtalya'ya karşı çarpıştı.

Dünyada çatışma havası esiyordu. Avusturya, Almanya bir tarafta; İngiltere, Fransa ve Rusya diğer taraftaydı. Türkiye büyük devletlerdendi. Tüm barış arayışlarına rağmen bu dünyanın kavgasına girmek durumundaydı; dışında kalamıyordu. Dolayısıyla devletin genç askerleri iyi birer komutan olmanın yanında, iyi diplomatlar da olmak zorundalardı; gelişmeleri takip edeceklerdi.

Nitekim böyle renkli bir hayatın içinden sadece Mustafa Kemal değil, daha birçok olgun genç komutan çıktı. Genç Mustafa Kemal Bey'in farkı, dehasıdır. Dehanın ne olduğunu tarif etmek mümkün değil, sadece yansımasından ve akışından dolayı onu hissedebilir ve gözleyebiliriz. Atatürk demek; dünyadaki bu önemli topluluğun 19. yüzyılını ve 20. yüzyılını takip edip sindirmek demektir.

100. yılı dolayısıyla Cumhuriyet tarihimizin en önemli safhasını, Kurucu Önderimiz ve askerî çevrelerde Türkiye'nin Ebedî Başkomutanı olarak kabul edilen Mareşal Mustafa Kemal Atatürk'ün hayatını ve dünyasını anlatan bu kitabı neşretmeyi uygun gördük. Elinizdeki kitap hiç şüphesiz bu konuda yazdıklarımın bir özeti gibi görülebilir ama özet olmaktan çok, Osmanlı'nın son döneminin ve Cumhuriyet'in ilk yarısının önemli konu ve başlıklarının seçilip belirtilmesi olarak adlandırmak daha uygundur.

Atatürk'ün hayatındaki safhalar, etrafındaki kadro, yakın dostları burada ele alınıyor. Şüphesiz ki konular arasında Atatürk'ün özel hayatı da yer almakta. Tabii buna özel hayat demek mümkünse... Çünkü Türkiye tarihinde, hatta coğrafyasında alışılmamış bir döneme geçiliyordu. Yakın çevresinde, hükümette ve dönemin politik atmosferinde yer alan önemli üyeler var, hatta Türk edebiyat ve sanat çevrelerinin insanları. Günlük çalışma dışında neredeyse yirmi dört saate yakın süren toplantılar, yemekler, etkileşimler söz konusu. Dolayısıyla bunlara da temas etmekte, bunları da öğrenmekte fayda var.

Elinizdeki kitapta üzerinde durduğum bir konu var: Selanik'te orta sınıfın mütevazı şartlarında doğan bir çocuğun Türk devletinin zor zamanlarda yeniden şekillenmesinde ve bir cumhuriyetin kuruluşunda esas rolü oynayacak hayatı ve onun etrafındaki toplum. Tarihin sayfaları arasında son derecede ilginç bir dönem ve kuşak... Bugünkü bilgilerimizle ulaşılması hem zor hem kolay...

Tabii bir konu çok açık; etrafta Kemalizm'e muhalif çevrelerin uydurduğu hikâyeler, dedikodular var; hatta şunu ifade edeyim, bazı mitomanların kaleme aldığı hatırat bile bu kategoriye girer. Bu nedenle Cumhuriyet tarihinin belirli noktaları üzerinde merakı olanların çapraz okuma yapmaları, bir konu üzerinde birkaç kitaba müracaat etmeleri gerekir.

Unutmayın; kuru belgeciliğin ve tarihçiliğin ötesinde bakış açınız fevkalade önemlidir. Bizler de bu nehrin akışını, merhaleleri belirtmek için hassasiyet gösterdik. Söz konusu muhteşem değişmeyi sadece gençlerin hissetmesi bile bu projenin karşılık bulmasını sağlayacaktır.

İlber Ortaylı

Doğum Tarihi

Mustafa Kemal'in doğum tarihi konusunda verilen bilgiler ihtilaflıdır. Bunda doğum tarihlerinin eski kütüklerimizde yakın zamanlara kadar teferruatlı ve dikkatli biçimde işlenmemesinin etkisi vardır. Devletin nüfus hareketliliğini ancak 1950'lerden sonra ciddi olarak takip ettiği bilinir. Yangınlara kurban giden nüfus idareleri de tarihî araştırmaları güçleştirir. Böyle olmakla beraber ortaya atılan 1877, 1880 gibi tarihler arasında doğum tarihi olarak 1881'i kabul etmek durumundayız. Zira yakın zamanda dahi nüfus idareleri beyanı dikkate almaz, kimliğe sadece yılı yazar, günü kaydetmezdi. Bu nedenle Atatürk doğum gününü kendisi seçmiştir (19 Mayıs). Bu kararla Samsun'a çıkış tarihini de ihsas etmiştir. Doğum yılı mezuniyet arkadaşlarına yakın tarih olduğu için 1881 doğumlu olduğunu kabul ediyoruz.

Bununla birlikte Mustafa Kemal'in doğumdaki adı "Mustafa"dır. "Olgun" anlamına gelen "Kemal" adı ise rüşdiye yıllarında hocası tarafından verilmiştir. Bu uygulama Osmanlı bürokrasisinde ve askeriyesinde sıkça kullanılan isimleri birbirinden ayırmak için başvurulan bir âdettir.

T. C.

NÜFUS HÜVİYET CÜZDANI

No. 993.815 ☼ B.

İşbu cüzdan otuz iki sayfadır.

No. 51

Aile ismi, yani lâkap ve şöhreti	Atatürk
Adı	Kamâl
Babasının adı	Ölmüş Ali Rıza
Anasının adı	Ölmüş Zübeyde
Doğum yeri	Selânik
Doğum tarihi	1881

No. 993·815 ● B.

Mustafa Kemal Atatürk için Soyadı Kanunu'ndan sonra düzenlenen 993.815 seri numaralı nüfus hüviyet cüzdanı.

Soyağacı

Aslen Konyalı (Karaman eyaleti) diyenler olduğu gibi dedelerinin Aydın yöresinden göç etmiş olduğunu söyleyenler de vardır. Ne var ki biz Rumeli'ye kimin ne zaman ve nereden gönderildiğini bilemiyoruz. Bugünkü mübadil, muhacir aileler için de aynı durum geçerlidir. Nitekim bizde kilise gibi, vaftiz yapıp kayıt tutacak bir kurum yoktur. Evlilik de ölüm de kaydedilmez.

Buna karşılık mesela Macaristan'da seçkin bir ailenin asalet beratının nerede olduğu veya hangi kalede saklandığı bilinir; çünkü noteryal bir senet gibi bazı haklar veren belgelerin korunması gerekir. Bizde ise bir kimse bir paşanın kızıyla evlenir, kız bu evlilikte çocuk doğurmadan ölür. Ölünce adam da bütün sülalenin şeceresini alır, gider başka yerde başka biriyle evlenir ve ondan sonra mesela eski kayınpederi olan merhum paşanın soyundan geldiğini iddia eder. İlmiyede baba soyunun değil, ana soyunu kullananlar vardır. Ancak Atatürk'ün hem baba hem de anne tarafından dedeleri birkaç kuşak öncesine kadar bellidir. Aslen bir Türk köyü olan bugünkü Makedonya'nın Kocacık köyündendir.

Mustafa Kemal Atatürk'ün 1881 yılında, Selanik'in Islahhane semti dâhilindeki Ahmet Subaşı Mahallesi'nde doğduğu ev.

Ailesi

Katolik ve Protestan Avrupa'da herhangi bir köyün kilisesinde bulunabilecek vaftiz, nikâh ve cenaze kayıtlarına İslam dünyasında rastlanmaz. Aynı keyfiyet Doğu Hristiyan toplumları için de söz konusudur. Dolayısıyla Türkler soyunu, sopunu ve unvanını yaşadığı muhit halkının hafızasına ve ön planda da sülalelerine emanet ederler. Ayrıca Balkan Savaşları, Rusya'nın işgalleri gibi olaylarla vilayetler elden çıkıp insanlar dağıldıkça toplumsal kayıtlar zayıflamıştır. Hemen her ailenin ve Rumeli'nin her evladının başına gelen bu felaketten istifade etmek ise son 50 yıldaki bazı militan, kasabalı siyasilerin ve amatör tarihçi yoldaşlarının marifetidir. Dolayısıyla Atatürk'ün ailesi hakkında bilgi kirliliğinin yaşanmasının en mühim sebebi budur. Ancak yakın zamanda Mehmet Ali Öz, titiz bir arşiv çalışması sonrasında Atatürk'ün aile şeceresini yedi nesil öncesine kadar belgelere dayanarak ortaya çıkarmıştır.

Genç bir erkân-ı harp zabiti olan Mustafa Kemal Efendi annesi Zübeyde Hanım ve kız kardeşi Makbule Hanım ile yan yana görülüyor.

Ali Rıza Bey

Ali Rıza Bey, Anadolu'dan Rumeli'ne iskân etmiş olan bir Türk ailesine mensuptu. Makedonya'da bulunan Kocacık köyündendi. Ailesinin bir bölümü Selanik'e göç etmişti ve o da Selanik'te doğmuştu. 1839 doğumlu olduğu ve 1893'te vefat ettiği sanılıyor. Aydın fikirli bir adamdı ve oğlu Mustafa'nın iyi bir eğitim almasını istiyordu. "Büyük adam olabilmek için okumak, öğrenmek lazımdır," diyor, bir an önce okuma yazma ve hesap öğrenmesini istiyordu. Gümrük memurluğu ve ticaret yapmıştır. Varlıklı bir insandı. Hatta, zenginliğinden dolayı Yunan eşkıya tarafından kaçırılmış ve fidye karşılığında kurtulmuştur. Tıpkı Mustafa Kemal gibi ailenin yaşayan tek erkek çocuğu olmuştur. Ticaret hayatında yaşamaya başladığı sıkıntılar zamanla Ali Rıza Bey'in sağlığını da olumsuz etkilemiş ve vefatına neden olan bağırsak rahatsızlığını tetiklemiştir. Erken sayılabilecek bir yaşta ölmesi ise Mustafa Kemal'in hayatını önemli derecede etkilemiş, küçük yaşta olgunlaşmasının sebeblerinden biri olmuştur.

Mustafa Kemal Atatürk'ün çocuk yaşta kaybettiği babası Ali Rıza Efendi.

Zübeyde Hanım

Zübeyde Hanım 1857 yılında doğmuştur. Babası Sofuzâde Feyzullah (Sadullah) Ağa, annesi Molla Ayşe Hanım'dır. Tam bir Balkan Türküdür. Renkli gözlü, sarışın ve açık tenli... Konyarlar (Konyalı) denilen bir Türk ailesine mensuptur. Onun zamanında kızların okula gitmesi yaygın değildi ama o, okur yazar olduğu için kendisine Zübeyde Molla denilirdi. İyi bir eğitim alamamasına rağmen çocuklarının eğitimine önem vermiştir. Oldukça dindar, Kur'an kültürü yüksek birisidir. Çocuklarına, bilhassa Mustafa'ya çok düşkün bir annedir. Hayatı boyunca savaş şartlarında dahi oğlu ile irtibatını yakın tutmuştur. Mustafa Kemal'in hastalandığını duyduğunda onu görebilmek için Haleb'e kadar gitmesi oğluna olan düşkünlüğünün güzel bir kanıtıdır. Genç yaşta dul kaldığından, yine o dönemin şartları gereği ikinci evliliğini yapmıştır. Selanik'in düşmesiyle birlikte İstanbul'a, oğlunun yanına gelmiştir. Yardımseverliği herkesçe bilinmektedir. Kişilere ve Darüşşafaka gibi kurumlara elinden geldiğince yardım etmiş ve bağış yapmıştır. 14 Ocak 1923 günü İzmir'de vefat etmiştir.

Zübeyde Hanım, Mustafa Kemal Atatürk'ün manevi oğlu Abdürrahim Tuncak ve yardımcıları ile beraber. (İzmir, Ocak 1923)

Kardeşleri

Mustafa Kemal'in, Fatma (1872-1875), Ahmet (1874-1883), Ömer (1875-1883), Makbule (1885-1956) ve Naciye (1889-1901) adlı, çoğu küçük yaşta vefat eden beş tane kardeşi olmuştur. Bunlardan, önce Fatma adlı ablası, ardından ise Çayağzı'nda yaşadıkları yıllarda Ömer ve Ahmet adlı ağabeyleri muhtelif hastalıklardan dolayı ölmüştür. Mustafa (Kemal) 1881'de dördüncü çocuk olarak doğmuştur. Kendisinden sonra dünyaya gelen Makbule ve Naciye'ye derin bir sevgi ve şefkat beslemiştir. Bilhassa Naciye'ye olan sevgisi ayrıydı. Ancak Naciye 12 yaşındayken hayatını kaybetti. Genç Mustafa Kemal için bu vefat çok büyük bir acıya dönüşmüştür. Böylece geriye iki kardeş kalmışlardır. Makbule Hanım, annesi Zübeyde Hanım ile beraber yaşamıştır. Ankara'da kalan Makbule Hanım, ağabeyinin isteği ile bir dönem politikaya da girmiş ve Serbest Fırka'da görev almıştır. Mustafa Mecdi (Boysan) Bey ile evlenen Makbule Hanım eşinden ayrıldığı 1946 yılına kadar "Boysan" soyadını kullanmıştır. Bu tarihten sonra ise "Atadan" soyadını kullandığı görülmektedir. 1956 yılında hayata veda etmiştir.

Mustafa Kemal Atatürk kız kardeşi Makbule Hanım (Atadan) ve manevi kızı Afet Hanım (İnan) ile beraber Elhamra Sineması'nda.

Selanik

Selanik, Mustafa Kemal'in doğduğu 1880'lerde dahi kozmopolit bir şehirdir. O dönemde şehrin bir diğer özelliği ise liman ve demir yolu bağlantısı ile Avrupa'nın ticarî ve fikrî tesirine de oldukça açık olmasıdır. Dolayısıyla Gazi'nin dünya görüşü, meselelere bakışı, hatta karakteri üzerinde Selanik gibi bir şehirde doğup büyümüş olması etkilidir. Uzak bir Anadolu köyünde doğup büyüse belki bu imkânlara sahip olamayacağı için köyde kalabilir veya tamamen farklı bir meslek edinebilirdi.

Diğer taraftan Selanik'in bir dönem için bütün Doğu Akdeniz'in Yahudi metropolü olacak kadar kalabalık miktarda Yahudi'nin ve 1660'lardaki Sabetay Sevi olayından sonra da yanlış olarak "Avdeti" denilen grubun yaşadığı bir yer haline gelmesi zamanla Mustafa Kemal için de bu yönde bazı iddiaların ortaya atılmasına sebebiyet olmuştur. Fakat gerek anne ve babasının kırsal kökenli ailelere mensup olmaları gerekse annesi Zübeyde Hanım'ın muhafazakâr yapısı ve Mustafa Kemal'i gönderdiği okul bu yöndeki iddiaları bertaraf edecek niteliktedir.

Osmanlı İmparatorluğu döneminde Selanik...

Şemsi Efendi Mektebi

Şemsi Efendi Mektebi'nin Mustafa Kemal'in hayatında önemli bir yeri vardır. Zira Mustafa Kemal gençlik yıllarına ait hatırlayabildiği "ilk olay" diye bahsettiği bu meseleyi 1922'de şu şekilde anlatmıştır: "Çocukluğuma dair ilk hatırladığım şey, mektebe girmek meselesine aittir. Bundan dolayı annemle babam arasında şiddetli bir mücadele vardı. Annem, ilahilerle mektebe başlamamı ve mahalle mektebine gitmemi istiyordu (Fatma Molla Mektebi). Memur olan babam, o zaman yeni açılan Şemsi Efendi'nin mektebine devam etmeme ve yeni usul üzerine okumama taraftardı. Nihayet babam işi mahirane bir surette halletti: Evvela mutad merasim ile mahalle mektebine başladım. Bu suretle annemin gönlü yapılmış oldu. Birkaç gün sonra da Mahalle Mektebi'nden çıktım. Şemsi Efendi'nin mektebine kaydedildim." Şemsi Efendi Okulu, o yıllarda modern eğitim veren, matematiği ve okumayı herkesten önce ve çok sağlam bir şekilde öğreten bir okuldur. Selanik'te Sebataist grup modern eğitime; matematik, coğrafya ve yabancı dile önem veriyordu. Şemsi Efendi bu zümrenin aydın ve becerikli eğitimcisiydi. Balkanlar'ın kaybedilmesinden sonra birçok Sebateist gibi Yunanistan'ı terk edenler arasında olduğu biliniyor. Üsküdar'daki Bülbül Deresi Mezarlığı'nda medfundur.

Mustafa Kemal'in yaşamında çok önemli bir yeri olan, ilk öğrenimini gördüğü Şemsi Efendi Mektebi'nin kurucusu Semsi Efendi.

Makedonya Bölgesi

Geçtiğimiz yüzyılın başında "Makedonya" olarak tanımlanan yer Yunanistan'ın kuzey kısımları ile bugünkü Kuzey Makedonya ülkesini içine alan coğrafi bölgeye verilen addır. Tarihî süreç içinde tıpkı Kuzey ve Güney Azerbaycan ya da Doğu ve Batı Trakya gibi, yekpare bir coğrafi bölgeyken iki farklı devletin sınırları arasında kalmıştır. Bir siyasi birimden çok, coğrafi bölge olan tarihî Makedonya ise Üsküp ile Selanik arasındaki alanı kapsamaktadır. Mustafa Kemal'in doğduğu kent olan Selanik ve hatta babasının köyü olan Kocacık da, o dönemde Makedonya bölgesinin sınırları içindeydi. Bu nedenle Mustafa Kemal Paşa, hem bir Balkanlı hem de bir Makedonyalı Türk'tür. Kişiliğini şekillendiren unsurlardan biri bu coğrafyadır. Atatürk'ün Balkan kökenleri, kültürel kökenleri, bu minvalde oldukça mühimdir... O dünyanın politikacısı ve o dünyanın askeridir. Zira Makedonya, büyük devlet adamlarının ve askerlerin ülkesidir. Büyük İskender, Justinyen, hep Makedonyalıdır. Ve tabii Atatürk de...

Makedonya bölgesi Osmanlı İmparatorluğu döneminde bugünkü sınırlarından daha farklı bir alanı tanımlıyordu.

Selanik Askerî Rüşdiyesi

Mustafa Kemal'in çocukluğunda komşularının askerî rüşdiyeye giden oğluna ve çevresinde gördüğü subayların üniformalarına çok imrendiği bilinmektedir. Zamanla subayları kendisine örnek almaya başlayan Mustafa Kemal bu nedenle çok kısa bir süre Mülkiye Rüşdiyesi'ne gittiyse de girdiği imtihanları kazanarak Selanik Askerî Rüşdiyesi'ne geçiş yapmıştır. Selanik Askerî Rüşdiyesi'nde çalışkan bir talebe olarak tanınan Mustafa Kemal'e "Kemal" adını burada çok sevdiği bir hocası olan ve matematik derslerine giren Yüzbaşı Üsküplü Mustafa Sabri Bey vermiştir.

Askerîyedeki eğitim fevkaladedir ve her şeyden evvel düzenlidir. Ayrıca matematiğe ve coğrafyaya çok önem verilmektedir. Dikkat edilirse tarih değil, matematik ve coğrafya öne çıkarılmaktaydı. Aynı zamanda lisan eğitimi de önde gelmektedir. Atatürk, özellikle coğrafyanın faydasını Çanakkale'de görmüştür. Hatta sadece Çanakkale'de değil, gittiği diğer yerlerde de bu durum geçerlidir. Zira matematik ve coğrafya askerî eğitiminin vazgeçilmez safhasıdır. Sonuç olarak Selanik Askerî Rüşdiyesi'nin onun hayatındaki rolü ziyadesiyle önemlidir.

Aynı zamanda Mustafa Kemal'in "Kemal" adını aldığı yer olan Selanik Askerî Rüşdiyesi (Ortaokulu) binası.

Manastır Askerî İdadisi

Manastır şehri, 19. yüzyılda Selanik'le birlikte Makedonya'nın en önemli kentlerinden biriydi. Bugün Makedonların Bitola dedikleri şehirde askerî idadi binası halen durmakta ve üst katı Atatürk Müzesi olarak da kullanılmaktadır. Bununla beraber günümüzde bu şehirde az da olsa Türk nüfus bulunmakta ve Slavlar ve Müslüman Arnavutlar ile bir arada yaşamaktadır.

1896'nın Mart ayında Manastır'daki eğitimine başlayan Mustafa Kemal'in fikir hayatı burada temellenmiştir. Arkadaşlarından Ömer Naci -ki sonradan çok meşhur bir İttihatçı hatip olacaktır- ona edebiyat ve şiir merakı aşılamıştır. Ayrıca hocaları arasında yer alan Kolağası Mehmed Tevfik Bey, tarih sevgisi ve muasır milliyetçilik gibi fikirleri ile onu etkilemiştir. Namık Kemal, Mehmed Emin Yurdakul gibi vatanperver ve milliyetçi şairlerin ve Fransız İhtilâli'nin etkisiyle hürriyetçi fikirlerin de bu dönemde zihinlerde yer ettiği anlaşılmaktadır.

Genç Mustafa Kemal'in fikir dünyasının şekillenmeye başladığı Manastır Askerî İdadisi (Lisesi) binası.

Harbiye Mektebi

Mustafa Kemal'in okuduğu dönemde İstanbul'daki Harbiye Mektebi hem saray mensuplarının, hem memur çocuklarının hem de daha mütevazı halk çocuklarının devam ettikleri bir okuldu. 1899 yılında, 18 yaşında İstanbul'a gelen Mustafa Kemal payitahtı ilk defa görmüştü. Bununla beraber Selanik ve Manastır'dan sonra başkent hayatına kolay intibak etmişti.

Harbiye Mektebi, Mustafa Kemal'in hayatında çok önemli bir yere sahipti. Bu okulda askerî eğitiminin yanı sıra dünyaya açılacak bir lisan eğitimine ve bilgisine sahip olmasını sağlayacak altyapı da verilmişti.

Atatürk'ün Batı fikrine yakınlığının İstanbul'da teşekkül ettiği görüşü tekrarlanırsa da pek doğru değildir. O zaman Rumeli vilayetlerinden olan, doğup ömrünün ilk zamanlarını geçirdiği Selanik imparatorluğun en Avrupai limanıydı; değişik dinî ve etnik gruplar burada yaşıyordu. Üstelik idadiyi de Manastır'da okudu; Makedonya'nın Bitola kısmı. Burası limana ve Selanik'e oldukça yakın, hoş bir şehirdi.

Gerek Harbiye gerek Erkân-ı Harb sınıfları şehzadelerin, önemli askerî otoritelerin çocukları kadar doğrudan doğruya taşrada, halktan gelen çocukların da bulunduğu bir yerdi. Genellikle İstanbullu olmayan talebeler, İstanbullu talebeler tarafından hafta sonlarında ailelerin yanında misafir edilirdi. Bu İstanbul'un her sınıf halkı arasında yaygın bir gelenekti ve bu gibi ananeler hiç şüphesiz ki orada okuyan bütün subayların hem İstanbul hayatını ve âdetini tanımaları hem de kendi dünyalarını genişletmeleri ve şefkatli bir ortamda yeni insanlar tanımalarıyla neticelenmiştir.

Harbiye Mektebi talebelerinden sınıf çavuşu (kıdemlisi) Mustafa Kemal Efendi.

Erkân-ı Harbiye Mektebi (Harb Akademisi)

1826'da merkezî ordu sayılan Yeniçerilerin ilgasından sonraki uzun askerî modernleşme çabasının sonucunda kurulmuştur. 1840'lı yıllarda sadece Osmanlı İmparatorluğu'nda değil bütün dünyada kurmay akademileri (Harb Akademileri) yeni bir kuruluştu. Bu bakımdan Türk askerî sistemi bu girişimi gerçekleştirmekte geri kalmış sayılmaz. Nitekim Erkân-ı Harbiye Mektebi'nden, daha doğrusu ilk başta Erkân-ı Harb Sınıfı'na ayrılan zabitlerden çok kıymetli komutanlar çıktı. Bilhassa 1870'li ve 1880'li tarihlerde doğan genç Osmanlı subayları bu mektepten fevkalade donanımlı olarak mezun oldular. Yabancı dil, matematik ve coğrafya biliyorlardı. Üstelik cemiyet hayatı içinde de Avrupa kültürüne en yakın davrananlardandılar. Bazıları çevrelerinde temayüz etmişti. Enver Paşa çok iyi resim yapardı, dört yabancı dil bilirdi. Mustafa Kemal Bey'in Fransızcası yanında Almancası literatürü takip edecek durumdaydı. Bazı Balkan dillerini biliyordu, coğrafya ve matematikte kuvvetliydi, cemiyet hayatına intibak edecek kadar alaturka musiki yanında garp musikisini de bilir ve dinlerdi. Kâzım Karabekir aynı şekilde çok lisan bilirdi. Fevzi Paşa, Esat Paşa gibi kalabalık bir kadronun iyi yetiştiği malûmdur. Hatta Topçu Mektebi'nden mezun olan ki bunlara "mühendis" denirdi, İsmet Paşa ve İşkodra Müdafii Hasan Rıza Paşa gibileri vardır. Bunların içinden beynelmilel çapta matematik bilgisi olan ve makaleler yazarak tanınanlar çıkmıştır.

Mezun olduğu döneme kadar bu şahsiyetlerin yanında Osmanlı kurmay sınıfının diğer büyük Avrupa ülkelerinden farkı çok erkenden tecrübe kazanmış olmalarıdır. Balkan komitalarıyla müsademeler, Arabistan'daki ayaklanmalar bilhassa Yemen ve hiç şüphesiz ki 1911 Trablusgarb (Libya) ardından Balkan Savaşları onların olgunlaşmasına yardım etmiştir. Yine Birinci Dünya Savaşı'ndan önceki askerî reformlar da yetişmelerinde faydalı oldu. Erkân-ı Harbiye Mektebi; yani Harb Akademimiz ordunun modernleşme tarihinde mümtaz yerini almıştır. Yetiştirdiği insanlar ise Türk ordusunun modernleşmesinin sonucunda ortaya çıkan beynelmilel sahada da kendilerini ispat etmiş genç komutanlar olarak Birinci Dünya Savaşı'nda hizmet gördüler, savunmayı iyi yaptılar ve İstiklâl Savaşı'nı başarıyla tamamladılar.

Kurmay Sınıfı

19. yüzyılda kurmay eğitimi orduların teknik ve beşerî ilimlerle iç içe geçerek sevk edilmesi için teşekkül eden, hem muharib hem de entelektüel ve bilgin bir sınıf yetiştirmeyi amaçlayan bir yapıya sahiptir. Bu, 19. yüzyılın büyük bir olayıdır.

Osmanlı kurmayları ise pek çok konuda bilgi sahibi olurlardı. Bu tarz bir mektep bütün kara Avrupası'nda, yani Prusya, Avusturya, Rusya ve Fransa gibi kara orduları kuvvetli memleketlerde bile 3-5 sene farkla kurulmuştu. Bu okul kurulunca elit (seçkin) bir asker sınıf ortaya çıkmıştı. Burada yetişen subaylar Harbiye'den mezun olunca eğitimine devam ediyor ve komutan adayı olarak başka bilgi ve beceriler elde ediyorlardı. Bununla beraber kurmay subaylar hangi sınıfa mensup olursa olsunlar, öbür dalları öğrenip benimsemek zorundadırlar. Ayrıca çok lisan bilirlerdi. Bu durum ise kendilerinde ister istemez dış dünyaya karşı bir rekabet hissiyatı oluşturmaktaydı. Erkân-ı Harbiye Mektebi'ni 1905'te bitirerek kurmay yüzbaşı rütbesiyle göreve başlayan Mustafa Kemal de böyle bir subaydı.

Mustafa Kemal Şam'da konuşlu
5'inci Ordu emrinde görev yaparken
arkadaşları ile beraber. (1907)

Osmanlı Askeriye ve Hâriciyesinde Yabancı Lisanın Yeri

Askeriyedeki eğitim fevkaladeydi ve her şeyden evvel düzenliydi. Son dönem Osmanlı subayları yabancı lisan, coğrafya, matematik ve fizik bilgisiyle dünyaya çıktığı zaman ecnebi muarızlarıyla doğrudan doğruya konuşabilecek tipte askerlerdi. Kurmay subaylar ise, hangi sınıfa mensup olursa olsun, birkaç yabancı lisanı konuşabilen ya da bu lisanlarda yazılanları okuyabilen, askerî ve genel kültürü üst düzeydeki insanlardı. Sivil memurlar (mülki erkân) arasında hâriciyecilerde lisan bilen az değildir. Kaldı ki hâriciyeci lisan bildiği için Hâriciye Nezareti'ne giren kişidir. Öyle herhangi bir yerden yetişmiş değildir. Mülkiye'de (SBF) bile kimse diplomasi bölümünde lisan bakımından yetişemez, öyle bir hazırlığı mektep pek veremezdi. Lisan bakımından evvelce hazırlanmış genç o bölümde okuyabilirdi, imtihanla alınırdı. Ancak düz gelip de dünyaya açılacak bir lisan eğitimine, lisan bilgisine sahip olan insan Harbiye ve Erkân-ı Harbiye mekteplerinden yetişirdi. Dolayısıyla bu okullarda verilen lisan eğitiminin Mustafa Kemal'in askerî ve sivil hayatındaki rolü çok önemlidir.

Erkân-ı Harp Kolağası Mustafa Kemal yakın arkadaşı
Erkân-ı Harp Binbaşısı Fethi Bey (Okyar) ile Picardie Manevraları'nda... (Eylül 1910)

Altın Nesil

Enver Paşa mütevazı bir ailenin çocuğudur. Bugünkü Romanya'da kalan Kili şehrinden gelmedir. Annesi ve babası son derece fakirdi ancak altı kardeşin hepsi de askerlik başta olmak üzere iyi eğitim görmüştür. İlginç olan Enver Paşa'nın lisan ve sanat konusundaki kabiliyetidir. Üstelik ileride büyük komuta mevkiinde aynı derecede parlak neticeler alamamakla birlikte Balkan Savaşı'nda Edirne'nin istirdadı (geri alınışı) ve Trablusgarb'ta önemli rol oynadı ve isim yaptı. Mareşal Fevzi Çakmak bir komutan ailesinden geliyor. Lisan bilgisi çoktur, kurmaylığı ile şöhret yapmıştır. İsmet Paşa Harbiye'de değil, "Topçu Harbiyesi" olarak bilinen mühendis mektebinde (génie militaire) okumuştur. Aynı şekilde lisanlarda ve coğrafyada bilgilidir. Çalışkanlığı ve düzenli rapor yazmasıyla tanınmıştır. Enver Paşa'nın da son derece itimadı ve takdirini kazandığı için Birinci Dünya Savaşı'nda Genelkurmay'da önemli bir mevkii vardı. Kâzım Karabekir Paşa da bir paşanın oğludur. Lisanlar bakımından çok iyidir. Sakallı Nureddin Paşa kurmay sınıfında değildir fakat aynı şekilde çok lisan bilir ve Kutü'l Amâre'nin gerçek harekâtını tayin eden albaydı. Rauf Orbay donanmada ve hatta Balkan Savaşı'nda tek başına çok önemli başarılar kazanan biriydi.

Ali Fuat Cebesoy, 1848 Polonya Macaristan ayaklanmasının kahramanlarından Konstantin Borjenski'nin (Mustafa Celaleddin Paşa) torunlarındandır. Seçkin ve bilgili bir subaydır. Bunların Osmanlı ordusu içinde istisna teşkil etmediği, Birinci Dünya Savaşı ve daha evvelinde dünyadaki askerî ataşeler içinde göze çarptıkları ve Birinci Dünya Savaşı'nda da komuta görevlerini çok iyi yaptıkları, bulundukları bölgenin coğrafyasını iyi tanıdıkları görülmüştür. Bu neslin hem Millî Mücadele'yi yürüten hem de sonra siyasi hayatımız ve Cumhuriyet'in kuruluşunu şekillendiren kadrolar olması tesadüf değildir.

Millî Mücadele döneminin muzaffer subay kadrosu toplu halde... (İzmit, Ocak 1923).

Osmanlı İmparatorluğu'nda Milliyetçilikler Dönemi

18. yüzyıldan itibaren Osmanlı İmparatorluğu'nun parçalanmasını Fransız Devrimi'nin getirdiği milliyetçilik fikrine bağlayarak açıklamak oldukça yetersizdir. Çünkü imparatorluğun parçalanmasında etkin olan milliyetçilik, 15. yüzyıldan beri Balkan milletlerinin bir ürünüdür. Fransız Devrimi, kraliyetle birlikte kiliseye karşı yapılmıştır. Balkan milliyetçiliğinin ise temel mihrakı kilisedir. Tıpkı bütün Doğu Avrupa milliyetçi hareketleri gibi Balkanlar'da da özgürlük bağımsızlık demektir. Bu bakımdan Avusturya İmparatorluğu'ndaki milliyetçiliklerin bazılarından, hele Rusya İmparatorluğu'ndaki Yahudi ve Türk milliyetçiliğinin bünyesinden farklıdır. Keza Doğu Avrupa'daki milliyetçilik sürekli olarak yabancı hâkimiyetine karşı gelişmiştir. Marksist düşünce buraya geldikten sonra da buradaki milliyetçilik yok olmamıştır. Osmanlı İmparatorluğu içindeki milliyetçilik hareketlerini bugünkülerden ayıran en önemli vasıf, bu ulusların belli tarihlerinin bulunmasıdır. Bunlar tarih içinde

kurumlaşıp siyasal topluluk oluşturabilmişlerdir. Tarihte bir Sırp Devleti, bir Bulgar Çarlığı vardır ve bir geçmişe ve siyasal kültüre sahiplerdir. Bugünkü Afrika, hatta bazı Asya ülkelerindeki halklar gibi değildirler.

Aynı durum Arap milliyetçiliği için de söz konusudur. Arap milliyetçiliği; federatif bünyelidir, bağımsızlık programı yoktur. 19. yüzyılın sonunda ortaya çıkan ve daha çok imparatorluk merkezileştikçe güçlenen bir akımdır. Batı tesirinin büyüklüğü, ilk Arap milliyetçilerinin Hristiyan olmaları veya Hristiyan Batı tesirinde kalan kimseler arasından çıkmasıyla anlaşılıyor. Ne var ki Arap milliyetçiliği hiçbir zaman Balkanlar'daki kadar güçlü ve yaygın olmamıştır. Ermeniler ise içlerindeki mezhep farklılıklarına rağmen bir grubun arasındaki kilise karşıtlığı dışında kuvvetli bir milliyetçi anlayış oluşturabilmişlerdir. Bunda eğitimlerinin rolü vardır ve Bulgar milliyetçiliğine benzer şekilde eğitim sistemi ve örgütlenmiş bir çete hareketinin ortaya çıkışıyla (Taşnak ve Hınçak gibi) anlayış oluşturabilmişlerdir. Osmanlı İmparatorluğu ile Rusya arasında yapılan 93 Harbi (1877-1878) ve hemen ardından imzalanan Berlin Antlaşması'ndan sonra "Ermeni Sorunu" uluslararası bir nitelik kazanmış ve Ermeniler üzerinde milliyetçi bir şuurun oluşmasını hızlandırmıştır.

Osmanlı İmparatorluğu'nda Türkçülük

Pantürkizm başlangıçta siyasi birleşmeyi hedefleyen bir milliyetçilik değildi. Fakat bu durum Balkan Savaşı'na kadar geçerli olacaktır. Balkan Savaşı'ndan sonra imparatorluk toprakları elden çıkınca, buna ihtiyaç duyulacak ve Turancılık siyasi program haline getirilecektir. Bu olaya kadar bir siyasal programdan değil, daha çok kültürel bir Türkçülükten söz edilebilir. İsmail Gaspıralı'nın Osmanlı imlâsını ıslah ve Osmanlı Türkçesini bir ölçüde öz Türkçe ile ayıklama yoluna giderek bir gazete çıkarması ve Rusya'da Müslüman Türk topluluklarında Türkçe okuma-yazma hareketinin hızlanması buna önemli bir örnektir.

Diğer taraftan Osmanlı İmparatorluğu'nda Türkçüler işe edebiyatçılıkla başlamışlardır. Mesela, ilk Türk milliyetçi eserini (*Les Turcs Anciens et Modernes*) yazan Polonya asıllı Mustafa Celaleddin Paşa Türkçülüğü ırk meselesi olarak da ele almakta ve bir anlamda modern Türk milliyetçiliğinin babası sayılmaktadır. Aslen Arnavut olan Şemseddin Sami de ilk Türkçe ansiklopedi olan *Kamûs-ül Â'lâm*'ı çıkarmıştır. Yine Ahmed Vefik Paşa'nın dil konusundaki milliyetçiliğinde sınır yoktur. Fakat tartışmalı olarak, Türkçülük Ali Suavi'ye mal edilmektedir.

LES

TURCS

ANCIENS ET MODERNES

PAR

MOUSTAPHA DJELALEDDIN

PARIS

LIBRAIRIE INTERNATIONALE

15, BOULEVARD MONTMARTRE

A. LACROIX, VERBOECKHOVEN ET Ce, ÉDITEURS

à Bruxelles, à Leipzig et à Livourne.

1870

Tous droits de traduction et de reproduction réservés

Polonya asıllı Mustafa Celaleddin Paşa'nın yazdığı ve ilk Türk milliyetçi eseri olarak görülen "Les Turcs Anciens et Modernes" adlı kitabın kapak görseli.

Ziya Gökalp

Şüphesiz ki Ziya Gökalp fikirleriyle sonradan Cumhuriyet'i kuracak olan kadroları derinden etkilemiş bir kişiydi. Ziya Bey, bilhassa II. Meşrutiyet'te çok tutulan bir mütefekkirdi. Tavırları ve kullandığı terminoloji alaturka münevverler tarafından çok benimsenirdi ve etkiliydi; yani siyasetin içindeydi. Zira Merkez-i Umumi'deydi. Dolayısıyla Atatürk de kendisini benimsemiş, sempati ile karşılamıştır. Bununla beraber Ziya Gökalp hakkındaki en önemli noktalardan biri de erken ölmesi ve dolayısıyla cumhuriyet rejimini yaşayamamasıdır. Onun için zannediyorum ki bu inkılaplarımızda Ziya Bey'in rolünü büyütmek doğru değildir. Ziya Gökalp'in Türkiye'deki seküler düşüncede ne kadar etkili olduğu da tartışılabilir. Çünkü Türkiye'de seküler zihniyet Ziya Bey ile başlamadı, daha eskiye gider ve kendisinden sonra da devam eder. Ancak ezanın Türkçeleştirilmesi gibi kararlarda "*Bir ülke ki camiinde Türkçe ezan okunur, Köylü anlar manasını namazdaki duanın...*" dizelerindeki gibi keskin ifadeler kullanan, ibadetlerin anlaşılarak yapılması gerektiğini savunan Ziya Gökalp'in etkisi de yadsınamaz bir gerçektir.

Mustafa Kemal Atatürk'ün düşünce yapısında çok önemli bir etkisi olan,
Türk sosyolojisinin ve Türk milliyetçilişinin önemli ismi Ziya Gökalp.

İttihat ve Terakki Cemiyeti

İttihatçıların kendilerine göre vatan sevgileri vardı, kendilerine göre cesurdurlar. Örgütlenmeyi çok iyi bilen adamlardı, komitacıydılar. Cemiyette ise çok hür bir ortam vardı, her şey tartışılırdı. Konuşulan şeyler dışarı çıkmazdı. Cemiyet gizli toplantıları kadar, İttihatçıların hâkim olduğu Mason localarında da sır saklanırdı. İçerisinde padişahın hafiyelerini bile barındırır, onlar dahi laf çıkarmazlardı. Kararlara ve tertiplere kimse ihanet edemezdi. Ancak herkes aynı derecede ilkeli değildi. Mesela, Cemal Paşa saltanatı ve gösterişi çok severdi. Enver Paşa daha gözü pek ve fedakârdı, sultanla evli olmasından ötürü lüksten çok uzak olamazdı. Talat Paşa ise ayrıdır. Sadrazamken, Almanya'dan karısına hediye diye süpürge getirdiği söylenir. Masraf çok olur diye Nişantaşı'ndaki sadrazam konağına gidemezdi ve Babıâli'ye yakın bir yerde kirada otururdu.

İttihatçılar teşkilatçıydılar, orduyu modernleştirdiler, Türkiye modernleşmesini yürüttüler. Fakat müthiş hatalar yaptılar; inanç ve strateji dengeleri zannedildiği kadar kuvvetli değildi.

Bu özelliklerinin yanında İttihatçılık, Türkiye tarihinde bir atılımdır, Doğu dünyasında olmayan bir gruptur.

Bununla birlikte İttihat ve Terakki ile beraber partizanlık da Türk idare hayatına kaçınılmaz bir hastalık olarak girmiştir. Ondan evvel partizanlık yoktur, yoldaşlık vardır. Yoldaşlık zayıf bir bağdır. Türk hayatında partizanlık, "ne olursa olsun, bizden olsun" anlayışını hâkim kılmıştır. Bunun aşılması son derece zordur. Çünkü Türk cemiyetinin terbiyesi maalesef bir ölçüde bu İttihatçı modeline dayanır. Partizanlığın farklı bir tezahürü de her zamanda ve her şartta bir dayanışma kültürünü beraberinde getirmesidir. İnsanlar yeminler ediyorlar, İttihat ve Terakki'ye üye oluyor ancak hiçbir şey söylemiyorlar ve daha da garibi, kendilerine ihanet ettiği söylenen insanlarla bile ilişkilerini devam ettiriyorlardı. Mesela, Dâhiliye Nazırı Ali Kemal bidayette cemiyet üyesiyken cemiyetten ayrılmasına ve güya İttihatçılarla kapışmasına rağmen yine de cemiyet mensuplarından destek görmüştür. Linç edildiği zaman perişan durumda çocuğuyla kalan eşi -ki Müşir Zeki Paşa'nın kızıdır- Hüseyin Cahit Yalçın'ın kapısını çalmıştır. Çünkü bu başka türlü bir dayanışmadır ve anlaşılması zordur. Bir şiar vardır, o onların misyonudur. Bu misyon etrafında bir yemin beraberliği vardır.

Mustafa Kemal'in İttihatçılığı

Mustafa Kemal de döneminin genç subaylarının çoğu gibi İttihatçıydı. Ama çok erkenden bu zümreden soğumuş ve erkenden fırka yönetimine karşı tenkitçi bir bakış edinmiştir. Enver Paşa'yla yıldızları barışmamıştır. Enver Paşa Mustafa Kemal'den hazzetmiyordu. Onu konumu itibariyle muhteris, gayr-ı memnun biri olarak görüyordu. Mustafa Kemal için ise Enver, sevip sevmemenin ötesinde maceraperest ve megaloman bir karakterdi. İttihatçılık iddiası ise ileride Mütareke döneminde menfi bir kavram olarak bilhassa Damat Ferid çevresi tarafından Mustafa Kemal taraftarlarına karşı da propagandası yapılan suçlamadır ve esas amacı Mustafa Kemal'in "millî hareketini" halk nezdinde itibarsızlaştırmaktı. Sonrasında bu propaganda Mustafa Sabri ve Dürrizâde gibilerin eliyle fetva şeklinde ortaya kondu.

Atatürk, İttihatçıların menfi taraflarından nefret ederdi. Kendisi de gençken yeminli İttihatçı olmasına rağmen, aşağı yukarı Hareket Ordusu macerasından sonra, binbaşılığından itibaren bu tavır ve hizipçilikten nefret edip çatışarak kenara çekilmiştir.

Aralarında Enver ve Talat Bey'in de bulunduğu
İttihat ve Terakki ileri gelenleri...

II. Abdülhamid

1881'de doğan Atatürk'ün ömrünün ilk 28 yılı, Sultan II. Abdülhamid'in idaresine denk gelmiştir. Atatürk'ün Abdülhamid hakkındaki ifadelerinde, sanıldığının aksine, çok şiddetli bir üslubu yoktur. Atatürk de dâhil koca bir neslin kaderini etkileyen Sultan Abdülhamid 1876'da, 34 yaşında çıktığı tahtta 33 yıl boyunca imparatorluğu en dağdağalı zamanında, üstelik de Tanzimat'ın büyükleri gibi devlet adamları ve kadrolar etrafında olmadan yürütmek zorunda kalmıştı. İdare tamamen onun elindeydi. Babıâli'nin hükümranlığı hükûmetin elinden Yıldız'a kaymıştı. Dış merkezlerdeki büyükelçiliklerden gelen raporlar, vilayetlerden gelen yazışmalar, hepsi oradan geçerdi. Saltanatı döneminde Anadolu toprakları demir yolu, okul, hastane gördü; tarım gelişti. Tabii sansür ve siyasi baskı da bunlarla birlikteydi. Diplomasiyi seviyor ve siyasi manevraları dış dünyada takdir görüyordu. Gençliğinden beri borsa ve bankacılık manevralarını iyi öğrenmişti. Düyun-ı Umumiye onun da hayatını karartan bir kurum olarak ortaya çıktı. Rusya ile iyi geçindi, Batı Avrupa ülkeleri de onun diplomatik oyunları sayesinde idare edildi.

Ancak Abdülhamid 1905'ten sonra yorgun bir hükümdar olarak saltanatını sürdürdü. Muhtemelen 1908'de anayasayı yeniden yürürlüğe koyması, 31 Mart Vakası'na (13 Nisan 1909) aktif müdahalesinin olmaması bununla açıklanabilir. Hayranları yurt içindekilerden çok, Avrupa'daki muhafazakâr çevrelerdir. Şaşılacak bir durum olmamakla beraber, dengesi bozulan dünyada statükoyu sağlamaya gayret eden ve bir ölçüde de başarılı olan Abdülhamid'i ve politikasını 19. yüzyılın son çeyreğinde takdir eden çoktur. Hem Anadolu halkıyla hem de ne ilginçtir ki, Orta Doğu'nun Araplarıyla arası iyidir. Arap ülkelerinin halkı kendisini sever. Bütün bunların yanında II. Abdülhamid döneminin bir modernleşme ve hızlı bir bürokratik ihtisas yapılanması dönemi olduğunu söylemek zorundayız. Fakat aynı zamanda da tatsız bir otoriter rejim kurulması, polis rejiminin gelmesi ve daha kötüsü, bu polis rejiminde halkın inisiyatifine güvenilmemesi söz konusudur.

Sultan II. Abdülhamid şehzadelik günlerinde...

Hareket Ordusu

31 Mart Vakası hiç şüphesiz ki aydın sınıflar arasında büyük reaksiyonlar yarattı. Padişah II. Abdülhamid'in bu hareketi doğrudan kışkırttığına dair deliller hâlâ tartışılmaktadır; kesinlik kazanmış değildir. Bundan başka İstanbul'daki Birinci Ordu'nun, gelen Hareket Ordusu'na karşı olduğu da biliniyor ama bu da kullanılmamıştır. 31 Mart Vakası, doğrudan doğruya çavuş, onbaşı ve erlerin katıldığı bir harekettir. Okumuş sınıfın, okumuş subayların; yani alaylı olmayanların karşısında olduğu bir gerçektir. Ne var ki bu tip anlayışa o zamanki Said Nursi gibi bazı İslami cemaat başlarının da karşı olduğu biliniyor. Çünkü onlarca İslami ordunun muasır fenne sahip olması gerekirdi. Hareket Ordusu'nda düzenli taburlar çok azdır. Hareket Ordusu'nu oluşturan iki mürettep fırkadan (tümenden) Birinci Mürettep Fırka'nın komutanı Hüseyin Hüsnü Paşa, yanındaki kurmay başkanı ise Mustafa Kemal Bey'dir. Hatta "Hareket Ordusu" adını Mustafa Kemal Bey'in verdiği söylenebilir. Diğer mürettep, (İkinci) Mürettep Fırka'nın başında Şevket Turgut Paşa bulunurken fırkanın kurmay başkanı Kâzım (Karabekir) Bey'dir. Hareket Ordusu bünyesinde önemli bir ölçüde de Arnavut, Makedon gibi Balkan halklarından oluşan çeteler vardı.

Bu ordunun İstanbul'a gelişiyle Yeşilköy'de ayrı bir Meclis-i Umumi; yani Ayan ve Mebusan'ın bir arada olduğu bir (umumî) meclis toplanmış ve II. Abdülhamid'in hal'ine karar verilmiştir. Atatürk'ün Harbiye ve Erkân-ı Harbiye Mektebi'nden sonra Şam ve Balkanlar'da hizmetinin ardından ilk defa İstanbul'a geldiği ve ardından gene belirli görevlere tayin edildiği görülmektedir. Mustafa Kemal Bey, daha Balkan Savaşı'nda askerin bütün gücü elde tutmasının her zaman iyi işleyemeyeceğini gördü. Bu dönemde kurmay sınıfı arasında siyasi münaferet başlayınca Balkan ricatını buna bağlayarak izah etti; ki doğrudur. İleride askeri, siyaset dışında tutma gayretini buna bağlayabiliriz.

Erkân-ı Harp Kolağası Mustafa Kemal Selanik'te bulunan 3'üncü Ordu'da görevliyken arkadaşları ile beraber görülüyor. Fotoğrafta Ali Rıza Sedes, Abdülkerim Öpelimi ve İzzettin Çalışlar gibi önemli şahsiyetler de bulunuyor.

Trablusgarb Savaşı

İtalya 1911'de bugünkü Libya toprakları sayılan Trablusgarb'a saldırmış ve bir ay içerisinde bütün kıyı kesimini işgal etmişti. İşgalin hemen öncesinde Osmanlı Devleti bölgedeki tek tümenini bir başka kriz alanı olan Yemen'e gönderdiği için doğan boşluğu Enver, Fethi (Okyar), Mustafa Kemal (Atatürk), Nuri (Conker) Bey gibi subaylar "gönüllü" olarak doldurdular. Mesela Mustafa Kemal Trablusgarb'a Mısır üzerinden "Gazeteci Şerif" sahte kimliğiyle gitmişti.

Savaşa gönüllü biçimde katılan Osmanlı subayları hilafeti candan destekleyen yerel halkı kısa zamanda eğittiler ve İtalyanları durdurdular. İtalya az sayıdaki başarılı genç kumandana ve direnen halka karşı etkili olamayınca Beyrut'u denizden bombaladı ve Güney Ege adalarına (Dodecanese) çıktı. Bu arada Balkan Savaşı başladı ve İtalya ile Uşi Antlaşması yapıldı. Böylece 360 yıllık Kuzey Afrika hâkimiyeti bitti ve bölgedeki son Osmanlı toprağı kaybedildi. Öte yandan İtalya bu savaşta dünyada ilk defa kanatlı uçak kullanırken bu uçağı Osmanlı savunma güçleri düşürmüş ve hatta karşı keşif amaçlı kullanmıştı.

Erkân-ı Harp Binbaşısı Mustafa Kemal Bey Derne'de silah arkadaşlarıyla birlikte... Hemen solunda yakın arkadaşı Yüzbaşı Ali Efendi (Çetinkaya) görülüyor. (1912)

Balkan Savaşları

1912-1913 yılları arasında cereyan eden Balkan Savaşları tarihimizin en acı sayfalarındandır. Orada imparatorluk hazin ve hatta utanç verici bir ricat yaşamış ve esasında bir vatan yitirilmiştir. Atatürk o sırada Trablusgarb Cephesi'ndedir ve memleketini kaybetmiştir. Derne'den İstanbul'a gelince gözleri yaşla dolu olduğu halde Selanikli bazı asker arkadaşlarına, "Selanik'i, o güzel yurdumuzu düşmana nasıl teslim ettiniz de buraya geldiniz?" diye sitem etmiştir. Hatta Atatürk'ün kitapları arasındaki notlarında, Balkanlar ve bazı yerler için, "tekrar bize dönecektir" mealinde yazılar vardır.

Öte yandan Kuzey Yunanistan, Batı Trakya, Güney Bulgaristan ve Makedonya Türklüğün hazmedemeyeceği kayıplardı ve imparatorluk toprakları değil Rumeli'deki ana vatan şeklinde görülüyorlardı. Buna mukabil hiçbir şekilde bir hatıra yaratamadılar. Dolayısıyla yeni nesil maalesef Balkanlar'ı tanımıyor ve oradan göç edenlerin torunları bile bilmiyor. Bu durumu, "geçmişe mazi" diye tanımlamanın ötesinde, tarih örgüsüne ve şuuruna karşı mutlak bir kayıtsızlık ve bilgisizlik olarak nitelemek gerekir.

Balkan Savaşı'nda Bulgar askerleri...

Sofya Ataşemiliterliği

Mustafa Kemal Sofya'ya Ekim 1913'te gelmişti. Buraya tayinine İttihat ve Terakki yönetiminin liderleriyle arasındaki soğukluk neden olmuştu. Mustafa Kemal çok kısa bir zaman sonra Bulgar başkentinin siyasi, kültürel hayatının vazgeçilmez simalarından biri haline geldi. Bulgaristan, Mustafa Kemal'in hareketli hayatında ileriye dönük birçok projesini biçimlendirdiği, toplumsal, siyasal, kültürel modernleşme olayını yakın örnekleriyle izlediği bir laboratuvar oldu.

Bulgarlarda modernleşme ve kültürel farklılaşma olgusunu gören Mustafa Kemal, Batı uygarlığına karşı Osmanlı aydınının beslediği ürkeklik ve yabancılık duygusunun yersizliğini bir kez daha anlamıştır. Bulgaristan'ın 1910'lardaki iktisadi ve siyasi durumu ilerideki halkçı politikasını biçimlendirmekte etkin olan örneklerden biridir. Yine yurdunu modernleştirmek ve halkçı bir rejim kurmak konusundaki azmi ve fikirleri bu yıllarda olgunlaşmıştır. Mustafa Kemal Bulgaristan'da yaptığı konuşmalarda Türk milletinin fevkalade meziyetleri olduğunu ancak karanlık ve cehalet içinde bırakıldığını belirterek Türk halkının gerçeği görüp kavrayabilmesi için pek çok büyük reformlar gerektiğini öne sürmüştü.

Erkân-ı Harp Kaimmakamı (Kurmay Yarbay) Mustafa Kemal Bey Sofya'daki görevi esnasında katıldığı bir baloda yeniçeri kıyafetiyle... (Mayıs 1914)

Büyük Harb Öncesi Genel Vaziyet

Bir faciaya dönüşen Balkan Savaşı'ndan sonra orduda bir tensikat başladı. Subaylar gençleştirildi. Bu konuda isabet kadar, kayırma ve garez de yaşandı. Rütbeleri düşürülen generallerden (paşa, mirliva vs.) sonra tekrar bu rütbelere çıkarılan vardır. İşkodra'nın müdafii şehit Rıza Paşa gibi. Birinci Dünya Savaşı'nın bütün kuvvetli genç kumandanları bu dönemden gelmedir. Teçhizata kuvvet verildi. Askerin talimine önem verildi. Balkan Savaşı'ndan sonraki iki yılda Türkiye ordusu hayli güçlenmiştir. Bununla birlikte hükûmet diplomasi sanatını yeterince kullanamıyordu ve savaştan en çok çekinen devlet olmasına rağmen Rusya ve İngiltere ittifakı bazı Türkleri dehşete düşürdü.

Osmanlı devlet ricali önce İngiltere-Fransa ve Rusya ile ittifak yapmayı istedi ancak talepleri kabul görmeyince yüzlerini Almanya'ya döndüler. Ne var ki başta Büyükelçi Wangenheim ve bazı Alman askerler Balkan Savaşı'ndaki hezimet nedeniyle Osmanlı İmparatorluğu'nun merkezî ittifaka dâhil edilmesine

karşıydılar. Ancak Osmanlı ordusunu çok iyi tanıyan ve subayın ve askerin kalitesini bilen bazı Alman ve Avusturyalı askerî gruplar ittifaka taraftardı. Bu gruplar Kaiser'i ikna ettiler.

Osmanlı tarafında ise aklıselim hareket eden bir grup komutan -ki bunların arasında Mustafa Kemal Bey, İsmet Bey, Kâzım Karabekir Bey, Fevzi Paşa, Esad Paşa gibi askerler de vardı-tarafsız kalmanın en uygun yol olduğunu düşünüyorlardı. Öbürleri ise Rusya'nın bir günde İstanbul'a gireceği zannıyla en kısa sürede savaşa girmek gerektiğini hissediyorlardı. Özellikle Enver ve Talat Paşa böyle düşünüyorlar, acele ediyorlardı. Enver Paşa iyi bir asker olsa da büyük bir strateji uzmanı, büyük bir kumandan, imparatorluk ordularını yönetecek bir mareşal değildi. Trablusgarb'ta savaşmış, başarılı olmuş, Edirne'yi geri almış, Makedonya'da komitacı kovalamıştı. Tercüme-i hali başarı ile doluydu, fakat bu, bir imparatorluk ordusunu, Osmanlı tarihinin gördüğü en kalabalık orduyu başarıyla yönetebileceği anlamına gelmiyordu. Nitekim ordunun iaşesi sağlanamadı, konaklamayı düzenlemek konusunda beceriksiz olundu. Bir milyon askere uygun organizasyon, kışla, sevk edecek demir yolu yoktu ve bu orduyla harbe girildi. Ordunun direniş başarıları yer yer dört yıl boyu sürdü. Ama yanlış yönde savaşa katılmak ve genel yönü itibariyle sevk-i idaredeki zaaflar milletin kaderini örüyordu.

Birinci Dünya Savaşı'nda Osmanlı Padişahı V. Mehmed Reşad'ın Alman İmparatoru II. Wilhelm ve Avusturya Macaristan İmparatoru Franz Joseph ile birlikte görüldüğü bir kartpostal çizimi

Büyük Harb

Birinci Dünya Savaşı esasında bir Avrupa savaşıdır. Ama ilk defadır ki cephe gerisindeki halk bu kadar büyük sıkıntılara uğramış, çektikleri bu sıkıntılar ve kıtlık dolayısı ile dünyayı değiştirecek olaylara katılmışlardır. Harbin sonunda Avrupa ve dünya çok değişecekti; çünkü "Büyük Harb" imparatorlukların yıkımını beraberinde getirmişti. Tahtlar ve taçlar yerinden oldu. Sadece Osmanlı İmparatorluğu değil, Habsburgların Avusturya-Macaristan İmparatorluğu, Rusya'nın Romanov hanedanı ve aslında ananesi zayıf da olsa Alman İmparatorluğu tarihe karıştı.

Savaş bittikten sonra dahi yıkıcı rüzgârları, ülkeleri ve halkları yerinden etmeye devam etmişti, galipler bile yorgundu. Ancak yorgun olan galipler başka yollara tevessül etmişler, yenilenlerden maddî ve manevî kayıplarının acısını çıkarmaya kalkışarak çok insafsız bir dizi antlaşma ortaya koymuşlardı. Bunların hepsi Paris'te tezgâhlandı ve bugünkü Paris'in o zamanki banliyölerinden Versailles'da, Neuilly'de, Sèvres'de ayrı ayrı antlaşmalar yapıldı. Ancak gelecekte benzer bir büyük harbin yaşanmaması için yapılan bu antlaşmalar kısa zaman sonra daha büyük bir harbin müsebbibi olacaktı.

Birinci Dünya Savaşı'nın deniz muharebelerinde dönemin büyük zırhlı gemileri çok önemli bir rol oynamaktaydı.

İtilaf Devletleri

İtilaf Devletleri ya da "Anlaşma Devletleri"; Britanya İmparatorluğu, Fransa ve Rusya'dan oluşan ittifaktır. Sonradan İtalya, ABD ve Yunanistan gibi başka devletler de bu ittifaka katıldılar. Rusya, Bolşevik İhtilali'nden sonra ayrıldı ve savaştan çekildi. Birinci Dünya Savaşı bittiğinde İtilaf Devletleri orduları tarihte görülmeyecek kadar topyekûn modern silahlara dayanan uzun süreli bir savaşın galipleri ama bir bakıma da mağluplarıydılar. Zira kazanılan zafer Roma askerî edebiyatından kalma "Pirus Zaferi"* tanımına uyuyordu. Yani savaş kazanılsa da bu kazanım telafisi zor bazı kayıplara neden olmuştu. Büyük devletlerin yorgun orduları, mağlupları kontrolden acizdi ve İtilaf Devletleri kendi aralarında güvenilmez bir ilişkinin içine girmekteydiler. Buna rağmen Türkiye'yi işgal etmeye kalktılar. Savaş sonrası Avrupa'nın acınacak hali ise galiplerin durumunun da çok feci olduğunu gösteriyordu. Altına dayalı para sistemi ama asıl önemlisi eski cemiyetin değerleri ve hiyerarşi sistemi dağılmıştı. Oluşan bu istikrarsız yapı ikinci bir büyük savaşa giden yolu da açmıştı.

* Makedonya kralı Pyrrhus Roma'ya karşı zafer kazandı ama aşırı yıpranan bir ordunun başıydı ve zaferin nimetlerinden yararlanamadı.

İtilaf Devletleri'nin liderleri (David Lloyd George/ Büyük Britanya, Vittorio Emanuele Orlando/İtalya, Georges Clemenceau/Fransa ve Woodrow Wilson/ABD) Versay'daki bar ş görüşmeleri esnasında bir arada görülüyorlar. (1919)

Büyük Harb'te Osmanlı Zabiti

Almanya ile ittifak yapan Osmanlı İmparatorluğu üç ay bile geçmeden savaşa girdi. Bu acele, Avrupa'yla ittifaklar konusunda Türk politikacısının düştüğü yanılgıların ilkidir ama sonuncusu değildir. Tanzimat ruhu ve becerisi Türkiye idaresinde artık mevcut değildi. Ancak ordumuz İtilaf Devletleri için kolay hasım olmadı. Bu savaşta özellikle kurmay sınıfı üstün komuta niteliğini gösterdi. Türk askerî dayanıklılığını ve savaş direncini ispat etti. Osmanlı zabiti savaşın öncesinde Makedonya dağlarında, Yemen'de ayaklananlarla veya çetelerle mücadele etmiş, Trablusgarb'ta İtalyanlarla, Balkan Savaşı'nda ise dört Balkan ülkesiyle savaşmıştı. Bütün bunlar Osmanlı zabitini erken olgunlaştırmış, büyük devletlerin ordularındaki meslektaşlarının aksine, daha harb başlamadan önemli bir tecrübe sahibi olmalarını sağlamıştı. Bu sayede Mustafa Kemal Bey, Enver Bey, Halil (Kut) Bey, İsmet Bey, Kâzım Bey ve onlarla aynı nesle mensup çok sayıda genç zabit yaş ve rütbelerinin gerektirdiğinden daha büyük mesuliyetler yüklenebilmişlerdi. Dolayısıyla Osmanlı İmparatorluğu adına Birinci Dünya Savaşı'nı "genç-ihtiyar" bir kumanda sınıfının yönettiğini söylemek mümkündür.

Çanakkale Cephesi'nde Osmanlı subayları 5'inci Ordu Kumandanı Liman von Sanders ile beraber... Fotoğrafta Rauf Bey (Orbay), Vehib Paşa, Esat Paşa (Bülkat), Süleyman Numan Paşa, İsmet Bey (İnönü), Kâzım Bey (İnanç), İbrahim Tali Bey (Öngören) gibi önemli simalar yer almakta.

Sarıkamış Felaketi

Sarıkamış yakın tarihimizde Balkan Savaşı'ndan sonra acemi kumandanlık ve yanlış politikanın yarattığı bir faciadır. 1915 Kışı'nın ortasında, Osmanlı İmparatorluğu'nun kuzey ucunda, en mutena kolordumuz karlara gömüldü. Karşısındaki Rus ordusu özel kazılmış kış siperlerinde, alışık olduğu iklimin giyim ve donanımı içindeydi. Osmanlı askeri ise neredeyse yaz donanımıyla Ruslarla çarpışacaklardı; fakat tabiri caizse, General Kış'ın harekâtı, Sarıkamış Cephesi'ndeki Rus ordusundan daha da hızlıydı. Lakin ordunun General Kış'a yenildiği sözü mesnetsiz, toptancı bir değerlendirmedir. Ordu savaştı ve Rusya ordusu 19.000 kadar nefer ve subayını kaybetti. Doğu Anadolu ve Doğu Karadeniz'i işgal etmeleri böylece mümkün oldu. Baharda karlar eriyince donan şehitlerimizin naaşı ortaya çıkmıştı.

Sarıkamış Harekâtı'nda bilgisizlik ve macerayla aynileşen Enver Paşa'nın kendine özgü yetenekleri vardı. Ancak yanlış stratejisini yönetecek yeterli kadro yoktu. Sarıkamış'ta Enver Paşa'nın yanlış kararı sonucunda ortaya çıkan facia gelecekte İstiklâl Savaşı'nın kumanda kademesini oluşturacak kadrolar ile (ki bunların çoğunluğu aynı zamanda Alman aleyhtarıydı) Enver Paşa arasındaki gerilimi de günden güne arttırdı. Fakat hepsi de savaştaki görevlerini yerine getirdiler.

Birinci Dünya Savaşı'nda Doğu Cephesi'nde Ruslar tarafından esir alınan Osmanlı askerleri.

Ermeni Tehciri

Ermeniler Orta Çağlardan beri ve yeni çağlarda Osmanlı İmparatorluğu'nun hemen her köşesinde varlardı. Akdeniz dünyasının içinde yaşayan, bu bakımından Türkler ve İranlılar; yani Azerbaycan ve Anadolu halklarıyla aile içi ilişkiler, sosyal hayata dair unsurlarla büyük benzerlikler gösteren bir halk. Aralarında yalnızca din farkı olacak kadar benzeşmekteydiler. Osmanlı bürokrasisinde de yer almaktaydılar. 1821 Yunan ayaklanması ve onun başarıya ulaşması Hristiyan milletler üzerinde çok etki yarattı. Ermeniler de eski bir Hristiyan millet olarak kendi kültürel kalıplarını geliştirmeye başladılar. Ermeniler ne kadar uyumlu yaşasa da imparatorluğumuzun içinde, Ermeni olduğunu biliyor ve geniş kitlenin içinde değilse bile, bir grubun içinde Ermenistan, Ermenilik gibi bir şuur var. Bunun için de her türlü çareye başvuruyorlar. II. Abdülhamid devrinde "Ermeni Patırtısı (1894)" denilen hadise oluyor, hatta sultana suikast bile düzenliyor.

Ermeni milliyetçiliğinin bağımsız ideali bu topraklar üzerinde hiçbir yerde çoğunluk olmamalarıyla problematik bir çıkmaza girdi. Mesela nüfus açısından en iddialı oldukları yerlerden biri Kars'tı. Halbuki Ruslar Kars'ı işgal ettiklerinde, Kafkaslardan Ermeni getirip yerleştirdikleri halde, Ermeni nüfusu %20 civarında kalıyordu. Birinci Dünya Savaşı'nda Ermeniler Rus ordularıyla birlikte Osmanlılara karşı savaşan ve onlara hizmet eder durumdalardı. Yerli halkla çatıştılar, mukatele (karşılıklı öldürüşme) oldu ve bazı yerde katliam da yaptılar. Tabii bu infial yaratıyor. Karşılıklı çatışmalar oldu. Nihayetinde hükûmetin "1915 - Tehcir Kanunu" ile Ermenilerin daha kontrol edilebilir bir yer olan Suriye'ye nakline karar verildi. Bu kitlenin naklinde örgütsüzlük ve ulaşım araçlarının kıtlığı nedeniyle bir felakete dönüştü. Müttefik Almanya ve Genelkurmay Başkanı görevi gören General Bronsart von Schellendorf tehcir planları üzerinde ısrar etmiştir. Talat ve Enver Paşalar da bu teklif ve tehcir düzenini kabul ettiler. Fiilen ortaya çıkan isyan sonucunda düşman orduyla iş birliğine karşı alınan bu tedbirin bazı yerlerde yürütülmesine karşılık Anadolu'nun uzun mesafeleri içinde felakete yol açtığı gerçektir. Yurtdışındaki bazı bilgisiz kaynaklarda Mustafa Kemal Paşa'nın Ermeni Tehciri'nde rol oynadığı söyleniyor. 1915 ve öncesi itibariyle Sofya'da ataşemiliter olduğu için paşanın burada rol oynayamayacağı açıktır. Büyük önderin tarihi açısından bu gibi bilgileri doğru öğrenmek ve aksi görüşlerin geçersizliğine dikkat etmek gerekir.

Çöldeki Hezimet: Kanal Harekâtı

Sarıkamış'ın hemen ardından gelen (Ocak 1915) ikinci facia. Almanların isteğiyle açılan bir taarruz cephesi. Burada Cemal Paşa'nın kişiliği ve rolü üzerinde durulabilir. Harekâtın asli amacı, İngilizleri Mısır'da tutup Batı'ya asker göndermelerini engellemek. Bu başarılırsa bir sonraki aşama Mısır'ı ele geçirmek. Çünkü Mısır o dönemde İngilizlerin Orta Doğu'daki ikmal üssü gibi. Avustralya'dan gelen askerler bile Mısır üzerinden dağıtılıyorlar. Kanal Harekâtı'nda Cemal Paşa kadar Alman Miralayı Kress von Kressenstein'ın da rolü var. Osmanlı askerini boş yere heba etmekle suçlanıyor. Nisan 1916'da İkinci Kanal Harekâtı yapılacak. Nihayetinde Türk birlikleri, ilkinden de ikincisinden de yenilgiyle ayrılacak...

Kanal Harekâtı esnasında bölgede konuşlu 4'üncü Ordu'ya komuta eden Cemal Paşa.

Tarihin Seyrini Değiştiren Cephe: Çanakkale

Çanakkale bir milletin hafızasında ve hatta ruhunda yer alan abide hadiselerden biridir ve aslında dünya tarihinin akışını değiştirmiştir. Ortaya yeni bir Rusya ve yeni bir Türkiye çıkmıştır. Doğu'da ve Batı'da böylesi büyük abideye nadir rastlanır. Almanya ve Avusturya'da yoktur. Fransa'da Marne, Verdun, Rusya'da Smolensk, Minsk gibi anıt mevkiler bunun gibidir. Çanakkale'yi kaybetseydik İngiltere Malta'yı, Kıbrıs'ı, Mısır'ı nasıl aldıysa buraya da yerleşir ve süratle kendi imparatorluk sistemine benzetir ve emerdi. Akabinde tepeden belki Rusya da gelirdi ve bir daha oraları alamazdık. Konstantinopolis'i seyahat kitaplarında seyretmek durumunda kalırdık.

Çanakkale Muharebeleri bütün Şark'ta son yüzyılın en çarpıcı kahramanlık örneğidir. Türk ulusal kimliğinin ve vatan duygusunun berkitildiği bir olaydır. Sonraki muharebeler için itici bir rol oynamıştır. Çanakkale'deki (esas Gelibolu Yarımadası) zafer çok kolay organize olan, direnebilen, tahammül edebilen ve belirli bir hedef etrafında ısrar eden bir ordu, kumanda heyeti ve toplum olduğumuzu gösterir. Cumhuriyet'i kuran da bu mayadır.

Çanakkale Cephesi'nde "Anafartalar Kahramanı" olarak tarihe geçen Anafartalar Grubu Kumandanı Erkân-ı Harp Miralayı Mustafa Kemal Bey karargâh subayları ile beraber...

Çanakkale Cephesi ve Mustafa Kemal

Çanakkale'nin "geçilmezliği" sadece 18 Mart Deniz Zaferi'yle değil, sonraki kara muharebeleriyle tescil edilmiştir ve kara muharebelerinin tartışılmaz yıldızı Mustafa Kemal Bey'dir. Buna rağmen bir kesim ısrarla, "Çanakkale'de Mustafa Kemal'in adı yoktu, deniz savaşında yoktu, başında yoktu, sonunda vardı" diyor. Herhalde fundamentalist duygularla Türkiye'nin laik önderi hafızalardan silinmek isteniyor diye de düşünülebilir. Oysa onun kişiliğinde hiç unutulmayacak husus askerliktir.

Osmanlı ordusu bir taraftan deniz muharebeleri yaparken diğer taraftan da ziyadesiyle önem verdiği karada yapılacak bir muharebe için hazırlıklarını sürdürmüştü. Bu savaşta Türk ordusunun genç ama tecrübeli ve bilgili kurmay grubunun Çanakkale'de toplandığı görülür. Onlardan biri de Mustafa Kemal Bey'di. Kendisi burada tarih sahnesine çıktı ve kurtuluş mücadelesinin başına geçmesi sürecinde bu cephedeki başarılarının önemi büyüktür. Zira "Anafartalar Kahramanı" olarak tanınıyordu. Nihayetinde Britanya İmparatorluğu kuvvetleri 9 Ocak 1916'da Çanakkale'den tahliye edildi. Aynı günlerde Mustafa Kemal Bey üstün başarıları dolayısıyla Altın Liyakat Madalyası ile taltif edildi.

Çanakkale'de adını bütün dünyaya duyuran Erkân-ı Harp Miralayı Mustafa Kemal Bey 16'ncı Kolordu'da görev yapan Binbaşı Haydar Bey'in (Alganer) çektiği bu ikonik fotoğrafta siperlerden gözetleme yapıyor. (17 Haziran 1915)

ANZAC

"ANZAC" kelime anlamı olarak "Avustralya ve Yeni Zelanda Kolordusu" (Australian and New Zealand Army Corps) demektir. Çanakkale'de dokuz ay süren savaşın son iki ayında İngiltere savaşın bu yolla kazanılamayacağını anlamıştı ve sessizce geri çekildi. Ortada sadece ANZAC askerleri kaldı. Peki onların Gelibolu'da ne işleri vardı? Bir kere Britanya bir imparatorluktu ve oralarda nüfusun çoğu İngiltere'den giden insanlardan oluşuyordu. Askerlik yapmaları doğaldı. Onlara ilk başta Almanlarla savaşacakları söylenmişti. Bu yalan değildi ama son anda karar değiştirdiler ve Mısır'daki dört aylık bir hazırlıktan sonra haritada yerini bile bilmedikleri Çanakkale'ye getirildiler. Hiç tanımadıkları ve ön yargılı baktıkları Türkler hakkındaki fikirleri savaş sırasında ve sonrasında çok değişmiştir. Savaştıkları Türk askerlere zamanla büyük bir saygı ve sevgi beslemeye başlamışlardı. Çanakkale'deki yenilgileri onlar üzerinde bir millî duygu yaratmıştır. Bunun neticesini bugün görüyoruz. Öte yandan Mustafa Kemal'in ANZAC annelere hitabı tam bir barış ve centilmenlik vesikasıdır.

ANZAC'lar
Gelibolu'da çıkarmada.

Mustafa Kemal Bey Doğu Anadolu'da

Mustafa Kemal Bey İngilizlerin Çanakkale'yi tahliye etmeleri sonrasında karargâhı Edirne'de bulunan 16'ncı Kolordu Kumandanlığına atandı. Edirne'ye ulaştığında muhteşem bir tezahüratla karşılanmıştı. Ancak mart ayı başlarında kolordu karargâhının Diyarbakır'a nakledilme kararı dolayısıyla Mustafa Kemal Bey birdenbire kendisini Şark Cephesi'nde bulmuştur. İstanbul'dan geçerek mart ayı ortalarında Diyarbakır'a hareket etmişti ki onun askerlik tarihindeki en önemli ikinci tayindir. O vakte kadar Suriye'yi, Makedonya'yı, Trablusgarb'ı tanıyan ve Balkan Savaşı ile Çanakkale Muharebelerini yaşayan Mustafa Kemal Bey ilk defa Doğu Anadolu'da kumandanlık yapmıştır.

Doğu Anadolu'daki tecrübeleri onun askerlik hayatının aslında parlak safhalarından birini teşkil etmektedir. Çünkü evvela bölgeye geldiği günlerde rütbesi paşalığa (mirliva) terfi ettirilmişti. Ayrıca harbin zor zamanlarında bu bölgede önemli başarılar kazanmış ve yerli halk tarafından tanınmıştı. Kısa zamanda Rusların elinden Muş'u ve Bitlis'i alması (istirdat) Çanakkale'de kazandığı haklı şöhreti perçinlemişti. Zira onun kazandığı başarı Doğu Cephesi'nde çok uzun zamandır beklenen ilk zaferdi.

2'nci Ordu Kumandanı Mirliva Mustafa Kemal Paşa... Sol tarafında Çanakkale Cephesi'nde de kurmay başkanlığını yapan Erkân-ı Harp Kaimmakamı İzzettin Bey (Çalışlar) görülmekte. (Mart 1917)

Kûtü'l Amâre Zaferi

Irak Cephesi'nde kazanılan Kûtü'l Amâre zaferi Çanakkale Muharebeleri'nden sonra Britanya İmparatorluğu'nu zora sokan, politikalarını altüst eden, imparatorluğun yenilmezliği inancını sarsan ve hatta kaosa sürükleyen büyük bir hadisedir. Bu zaferin en mühim özelliği, çok iyi yetişmiş Türk kurmay sınıfı ile büyük imkânsızlıklara rağmen inatla direnen, direnmenin de ötesinde hücum etmesini bilen küçük rütbeli zabitler ve bölgenin sıcağı ve coğrafyasına son derece yabancı olmalarına rağmen büyük bir özveri ile savaşan Anadolu ve Rumeli kökenli askerlerce kazanılmış olmasıdır. Osmanlı askerî tarihinde önemli bir yeri olan Alman Mareşali Colmar von der Goltz Aralık 1915-Nisan 1916 arasında Irak Ordusu kumandanlığını ele alsa da, muharebeler esnasında iyi bir liderlik gösterememiştir. Bu nedenle Miralay Sakallı Nurettin Bey, Miralay Halil (Kut) Bey, Miralay Kâzım (Karabekir) Bey ve Miralay Ali İhsan (Sabis) Bey gibi Türk subaylar sabırlı fakat gereken yer ve zamanda fevkalade cesur bir komuta anlayışı göstererek Kût'ta kazanılan zaferin mimarı olmuşlardır.

Kûtü'l Amare'de 5'i general olmak üzere, 13 binden fazla İngiliz askerini esir alan 6'ncı Ordu'nun Kumandanı Halil Paşa (Kut) ve hemen yanında esir edilen İngiliz birliklerinin kumandanı General Charles Townshend...

Hicaz Cephesi ve Medine Müdafaası

Hicaz, Birinci Dünya Savaşı'nın gözden uzak fakat destansı kahramanlık gösterilen bir cephesidir. Buradaki muharebelerde bilhassa Medine savunması öne çıkmaktadır. İngilizlerin Medine'ye girip Hz. Muhammed'in kabrine ve kutsal emanetlere zarar verebileceği düşüncesi Osmanlı askerini fazlasıyla rahatsız etmişti. Bu nedenle Fahreddin Paşa, "Ben burayı savaşın Orta Doğu'da aleyhte sanıldığı zamanda dahi terk etmem. İngilizlere verip gitmem" demiştir. Mütarekenin imzalandığı bir ortamda dışarıdan da yardım alınamayacağı bilinmesine rağmen Fahreddin Paşa ve askerleri gönüllü olarak şehri savunmaya devam etmişlerdir. Savunma çok müşkül şartlarda yapılmış, gerek cephane gerekse yiyecek kıtlığı had safhada yaşanmıştır. Öyle ki Fahreddin Paşa'nın yayımladığı bir tebliğ ile Hz. Peygamber döneminde sahabenin de çekirge yediğini belirtilmiş ve askerlerin çekirge ile beslenmeleri sağlanmıştır. Böylece direniş mütareke imzalandıktan sonra dahi iki aydan fazla devam etmiştir. Ne var ki Fahreddin Paşa bunun için divan-ı harbe verilecektir. Ancak sonrasında beraat etmiştir. Ayrıca Medine Müdafaası sayesinde mukaddes emanetler Anadolu'ya kaçırılmış ve Niğde'de saklanmıştır.

Medine Müdafii
Fahreddin Paşa
Cumhuriyet dönemi
üniformasıyla...

Suriye-Filistin Cephesi

Mustafa Kemal Paşa, Aralık 1916'da vekâleten, Mart 1917'de de asaleten 2'nci Ordu Kumandanı oldu. Karargâhı Diyarbakır'da bulunan 2'nci Ordu'nun kurmay başkanı Miralay İsmet (İnönü) Bey'di. Mustafa Kemal Paşa ilerleyen yıllarda kader birliği yapacağı İsmet Bey'i ilk kez burada yakından tanıdı. Ne var ki bu ordunun başında fazla kalamamış ve Suriye-Filistin Cephesi'nde işlerin kötü gitmesi üzerine Temmuz 1917 itibarıyla Haleb'teki 7'nci Ordu Kumandanlığına tayin edilmişti. Ancak cephe kumandanı olan Alman General Falkenhayn ile yaşadığı anlaşmazlık yüzünden Ekim 1917'de istifa etti.

Falkenhayn'ın cephedeki kötü gidişatı durduramaması ve yerine Liman von Sanders'in atanması üzerine Mustafa Kemal Paşa Ağustos 1918'de bir kez daha 7'nci Ordu Kumandanı oldu. Ardından güçlü İngiliz kuvvetlerine karşı başarılı muharebeler yaptı. Ordunun imha edilmesini önledi ve ağır bir tahribattan kurtarmak için Şeria Nehri'nin doğusuna geçirmeyi başardı. Yaptığı işin önemi herkesçe takdir edildiğinden 22 Eylül 1918'de kendisine "Fahri Yaverlik" unvanı verilmişti.

Mustafa Kemal Paşa hemen solunca
Ahmet İzzet Paşa, Halil Paşa (Kut) ile beraber...

Liman von Sanders ve Yıldırım Ordular Grubu

Liman von Sanders şüphesiz Alman Genelkurmayı'nın adamıdır. Balkan Savaşı'nda hezimete uğramış Osmanlı ordusunu ıslah etmek maksadıyla, 1913 yılı sonunda İstanbul'a gelmiştir. Sert ve haşin mizacı nedeniyle Alman subayların bile yakındığı bir kişidir. Prusya ordusunda öne çıkmış bir isim olmamakla beraber, geçen zaman içinde düzgün bir kurmay olduğu ve Türk kumandanların görüşlerine itibar etmekle makul davrandığı görülmüştür. Ayrıca Türk askerine saygısı büyük olan bir kumandandır. Enver Paşa kendisini Çanakkale Cephesi'ne umum kumandan olarak tayin ederek buradaki savunmanın başına geçirmiştir.

Burada ilk olarak Liman von Sanders'in makul bir kumandan ve yanlışından dinleyerek dönmesini bilen biri olarak sivrildiğini söyleyebiliriz. Bazı konularda Mustafa Kemal Paşa ile gerilim yaşasa da sonunda işi tatlıya bağlamayı bilen biriydi. Falkenhayn'ın başarısızlığı sebebiyle Yıldırım Ordular Grubu Kumandanlığına getirilecek ve burada yolu Mustafa Kemal Paşa ile bir kez daha kesişecekti. Ancak Mondros Mütarekesi'nin imzalanması ile beraber görevini Mustafa Kemal'e devredecektir.

Yıldırım Ordular Grubu Kumandanı Liman von Sanders halefi olan Mustafa Kemal Paşa ile beraber...

Mondros Mütarekesi

Savaş çöküntüyü beraberinde getirdi. Türkiye'ye dayatılan ölüm fermanının ilk adı Mondros idi. 30 Ekim 1918'de Osmanlı İmparatorluğu Haleb ve Musul sınırına çekilmişken barış talep etti. Avrupa'daki müttefiklerinden Avusturya-Macaristan'ın gücü çoktan tükenmişti. Türk cephelerinin Avusturya-Alman bloku ile bağlantısı da Bulgaristan'ın savaştan çekilmesiyle kesilmişti. Türk toplumu bu çöküntüden kurtulmak için millî mücadeleyi tercih edecekti. Mustafa Kemal ve Kâzım Karabekir gibi millî bir mücadele başlatılması gerektiğini düşünen bazı komutanlar, siyasi ve idari direnişin örgütlenme ağını oluşturdular.

Mondros sonrasında henüz İstanbul'a yeni ulaşmışlarken Mustafa Kemal'e yaveri İtilaf devletlerinin donanmalarını göstererek "Paşam, gelmişler" demişti. İstanbul limanı yabancı gemilerle doluydu. İşte o gün Mustafa Kemal "Geldikleri gibi giderler" dedi. Aslında akıllı bir strateji ve plan ile inançlı bir örgütlenme bu işgali defedebilirdi. Memleket her ne surette olursa olsun, işgalden kurtarılmalıydı. Bunun için İstanbul günlerinde başta asker arkadaşları olmak üzere pek çok kesimle irtibat kurdu ve kurtuluş çareleri aradı. Yaklaşık altı aylık çalışmaları onu kurtuluşun Anadolu'dan başlayacağı görüşüne getirdi.

TWENTY-FIVE. Hostilities between the Allies and Turkey shall cease from noon, local time, on Thursday, 31st October, 1918.

Signed in duplicate on board His Britannic Majesty's Ship "AGAMEMNON" at Port Mudros, Lemnos, the 30th October, 1918.

30 Ekim 1918 tarihinde Agamemnon zırhlısı üzerinde imzalanan Mondros Mütarekesi'nin imza bölümü ve Hüseyin Rauf Bey'in (Orbay) imzası...

Mütareke Dönemi İstanbul'u

Mondros Mütarekesi sonucunda İtilaf devletleri aralarına Yunanistan'ı da aldılar ve İstanbul'u işgal ettiler. Sur içindeki eski İstanbul, Fransız işgal bölgesiydi. Beyoğlu ve Boğazlar mıntıkası Britanya'ya bırakıldı. Kadıköy ve Üsküdar bölümünde İtalya kontrolü ele geçirdi. Bununla beraber şehrin yüksek komutası ve genel denetim Britanya Yüksek Komiserindeydi. Saltanat makamının hâkimiyeti ise Haliç kıyısı ile Bebek arasını kapsıyordu. Şehirde dört kuvvetin asker ve polisleri hâkimiyeti elde tutuyordu. Osmanlı Dâhiliye Nazırı şehir üzerinde üstün merci olmadığı gibi zabıta işgal kuvvetlerine bağlıydı.

Ancak İstanbul direndi. İmparatorluğu Birinci Dünya Savaşı'na sokarak felaketi getirenler bitmeyen enerjileriyle direnişe de yardım ettiler. Bilinen lider kadrolarını dışladıkları için bu sefer başarıya yardımcı oldular. Nihayetinde 6 Ekim 1923 günü İstanbul sahiplerini karşıladı ve kurtuluşunu kutladı. Bir hafta sonra Ankara'nın Türkiye Devleti'nin başkenti olduğu ilan edildi. Böylelikle İstanbul, Mudanya Mütarekesi'nden beri yaşadığı kurtuluş havasından sonra Türk tarihinin yeni bir safhasına geçişi gözlüyordu.

Mütareke döneminde İstanbul'u
işgal eden düşman askerleri...

Geldikleri Gibi Giderler!

Mondros Mütarekesi sonrasında İstanbul'a dönünce, söylediği meşhur bir sözdür: "Geldikleri gibi giderler!" Yaveri Cevat Abbas Gürer, Marmara Denizi'ne demir atmış bulunan İtilaf Devletleri gemilerini gösterip, "Paşam gelmişler" deyince bu etkileyici sözü söylemiştir. Tabii bunun öylesine söylenmiş bir söz olmadığı, yakında başlatacağı Millî Mücadele'deki savaş stratejisinin temelini atan bir görüş, bir taktik adım olduğu görülüyor. Yine bu sözün sadece bir temenni değil, belirli bir plan ve değerlendirme ve stratejik öngörüyle söylenmiş olduğu da açıktır. Diğer bir deyişle hayal kurmanın çok ötesindedir. Zira kurmay kafası gideceklerini anlar; "Bunlar yorgun. Biraz uğraşırsan, aklını başına toplarsan, teslim olmazsan giderler." Kaldı ki bu düşünce İtilaf Devletleri'ne karşı Çanakkale'de gösterilen azim ve kararlılıkla bir bakıma test edilmiştir. Çanakkale Cephesi'ni aşıp İstanbul'a girseler belki gitmezlerdi. Ancak yorgundular, bu çok açık bir durum. Atatürk de bunun farkındaydı...

İşgal dönemi İstanbul'unda
düşman zırhlı gemileri...

Birinci Dünya Savaşı Sonrasında İstanbul Görüşmeleri ve Şişli'deki Evi

13 Kasım 1918'de İstanbul'a gelen Mustafa Kemal, aylar boyunca İstanbul'da kurtuluş için çareler aramış ve içlerinde saray ahalisi, gazeteciler, asker arkadaşları gibi farklı cenahlara mensup pek çok kişiyle görüşmüştür. Bütün bu istişareler kurtuluşun Anadolu'da olduğu fikrini pekiştirecektir. Anadolu'ya gidebilmek için karşısına çıkan fırsat ise Samsun civarlarındaki Türk-Rum çatışmalarıyla ilgili bir müfettişlik görevi olacaktır. Mustafa Kemal Paşa bu tarihi yolculuk öncesinde sivil-asker çok sayıda kişiyle görüşmüş ve Padişah Mehmed Vahideddin ile de bir araya gelmiştir.

Mustafa Kemal, İstanbul'a geldikten bir müddet sonra Şişli'de üç katlı bir ev kiralamış ve annesi Zübeyde Hanım ile kız kardeşi Makbule'yi de yanına almıştı. Samsun'a hareket ettiği 16 Mayıs 1919 tarihine kadar bu evde oturdu. Yola çıkacağını kardeşi Makbule'ye ve annesine bir gece öncesinde söylemişti. 16 Mayıs 1919 sabahı annesi ve kız kardeşiyle vedalaştı ve evinden çıktı. Bu ev, günümüzde Şişli Atatürk Müzesi olan binadır.

Mustafa Kemal Paşa'nın İstanbul'a geldikten sonra Şişli'de kiraladığı ve görüşmelerini yaptığı, günümüzde "Şişli Atatürk Müzesi" olarak kullanılan ev.

Lloyd George ve Türk Nefreti

David Lloyd George 1916 ile 1922 tarihleri arasında İngiltere başbakanlığını yapmıştı. Yani tam da Birinci Dünya Savaşı ama özellikle Millî Mücadele yıllarımıza denk gelir. Önce Osmanlı'ya karşı, ardından da Millî Mücadele'ye ve kurulmaya çalışılan yeni Türk devletine karşı tavizsiz, sert ve küçümser politikalar gütmüştü. Hatıraları Türkçeye çevrildi. Kitaptaki hatıralarının, özellikle Türkiye ile ilgili kısımlarında kendisinin Türk düşmanlığını açık bir şekilde görebiliyoruz. Bu anlamda Yunanistan'ın Megali İdea fikrini ve Anadolu işgalini çok net bir şekilde desteklemiştir. Dolayısıyla Yunanistan'da "Küçük Asya Seferi" ya da "Bozgunu" denen o fiyaskonun fikir babalarından ve en büyük destekçilerinden biri hiç şüphe yok ki, David Lloyd George idi. Ancak Yunanlara verdiği tavizsiz destek, bir bakıma onun sonunu da getirecekti. Çünkü Başkumandan Meydan Muharebesi sonrasında Türk ordusunun Çanakkale üzerine yürümek istemesi ve Lloyd George'un savaşı devam ettirmeye çalışması ülkesinde itirazlarla karşılaşmış ve oluşan siyasi bunalım sonucunda başbakanlıktan ayrılmıştı.

Dünya siyasetinde "Türk karşıtlığı" ile tanınan ve 1916-1922 yılları arasında "Birleşik Krallık Başbakanı" olarak görev yapan David Lloyd George. (1863-1945)

Wilson İlkeleri

Woodrow Wilson, 1913-21 yılları arasında görev yapmış olan Amerika Birleşik Devletleri başkanıdır. Bizim tarihimizde "Wilson İlkeleri"nden dolayı bilinir. Bu ilkeler 1918 yılında Amerikan Parlamentosu'nda Wilson tarafından açıklanmıştır. Ona göre, savaşı tamamen bitirip barışı getirecek ilkelerdir bunlar. Ancak galip devletlerin pek hoşuna gittiği söylenemez. On dört maddelik bu deklarasyonun Türkiye'yi de ilgilendiren tarafları vardı. Örneğin, Brest-Litovsk (Ocak 1918) hükümlerine göre Kars'ta, bir plebisit ile halkın seçimi söz konusu oldu. Kars Sancağı'nın halkı büyük çoğunlukla Türkiye'yi seçti; fakat mütareke şartları içinde İngilizler bölgeyi Ermenilere bırakmak istiyordu. İngiltere başta bu projeye tam sahip çıkmamışken zamanla o da Wilson'ın projesine yakınlaştı. Ne var ki Amerikan temsilcisi General Harbord, Kars'ın siyasi ve etnik coğrafyası hakkında hiç de Başkan Wilson gibi düşünmüyordu. Görünüş oydu ki Ankara'da teşkil edilen Türkiye Büyük Meclisi Hükûmeti, Ermenilerle savaş vererek Kars'ı yeniden kazanmak istiyordu ve Kâzım Karabekir Paşa bunu sağladı.

THE TEXT OF THE FOURTEEN POINTS

PRESIDENT WILSON'S Fourteen Points, as set forth in an address made before the joint session of Congress, on January 8, 1918.

1 Open covenants of peace openly arrived at, after which there shall be no private international understandings of any kind, but diplomacy shall proceed always frankly and in the public view.

2 Absolute freedom of navigation upon the seas outside territorial waters alike in peace and in war, except as the seas may be closed in whole or in part by international action or the enforcement of international covenants.

3 The removal, so far as possible, of all economic barriers and the establishment of an equality of trade conditions among all the nations consenting to the peace and associating themselves for its maintenance.

4 Adequate guarantees given and taken that national armaments will be reduced to the lowest point consistent with domestic safety.

5 A free, open-minded and absolutely impartial adjustment of all colonial claims based upon a strict observance of the principle that in determining all such questions of sovereignty the interests of the populations concerned must have equal weight with the equitable claims of the government whose title is to be determined.

6 The evacuation of all Russian territory, and such a settlement of all questions affecting Russia as will secure the best and freest cooperation of the other nations of the world in obtaining for her an unhampered and unembarrassed opportunity for the independent determination of her own political development and national policy, and assure her of a sincere welcome into the society of free nations under institutions of her own choosing; and, more than a welcome, assistance also of every kind that she may need and may herself desire. The treatment accorded Russia by her sister nations in the months to come will be the acid test of their good-will, of their comprehension of her needs as distinguished from their own interests, and of their intelligent and unselfish sympathy.

7 Belgium, the whole world will agree must be evacuated and restored, without any attempt to limit the sovereignty which she enjoys in common with all other free nations. No other single act will serve as this will serve to restore confidence among the nations in the laws which they have themselves set and determined for the government of their relations with one another. Without this healing act the whole structure and validity of international law is forever impaired.

8 All French territory should be freed and the invaded portions restored, and the wrong done to France by Prussia in 1871 in the matter of Alsace-Lorraine, which has unsettled the peace of the world for nearly fifty years, should be righted, in order that peace may once more be made secure in the interest of all.

9 A readjustment of the frontiers of Italy should be effected along clearly recognizable lines of nationality.

10 The peoples of Austria-Hungary, whose place among the nations we wish to see safeguarded and assured, should be accorded the freest opportunity of autonomous development.

11 Rumania, Serbia and Montenegro should be evacuated; occupied territories restored; Serbia accorded free and secure access to the sea; and the relations of the several Balkan States to one another determined by friendly counsel along historically established lines of allegiance and nationality; and international guarantees of the political and economic independence and territorial integrity of the several Balkan States should be entered upon.

12 The Turkish portions of the present Ottoman Empire should be assured a secure sovereignty, but the other nationalities which are now under Turkish rule should be assured an undoubted security of life and an absolutely unmolested opportunity of autonomous development, and the Dardanelles should be permanently opened as a free passage to the ships and commerce of all nations under international guarantees.

13 An independent Polish State should be erected which should include the territories inhabited by indisputably Polish populations, which should be assured a free and secure access to the sea, and whose political and economic independence and territorial integrity should be guaranteed by international covenant.

14 A general association of nations must be formed under specific covenants for the purpose of affording mutual guarantees of political independence and territorial integrity to great and small States alike.

Amerika Birleşik Devletleri Başkanı Woodrow Wilson'ın Birinci Dünya Savaşı sonrasında kurulacak yeni uluslararası düzen kapsamındaki görüşlerini içeren 14 maddelik "Wilson İlkeleri"nin İngilizce metni...

Mazlum Milletler

Millî Mücadelemiz ve onun önderi Gazi Mustafa Kemal Paşa, İstiklâl Savaşı'nın ardından kurulan bağımsız Türkiye Cumhuriyeti... Bu kavram ve ardındaki gelişmelerin dünya siyasetinde büyük karşılıkları vardır. O dönemde dünyanın çok büyük bir kısmı ve tüm İslam coğrafyası Batılı devletlerin işgal ve sömürüsü altındaydı. Batılı devletler yenilmez olarak görünüyordu. Doğulu olan bu toplumlara "Mazlum Milletler" deniliyordu. Ancak yeni Türk devletinin hem imparatorluğun dağılmasından sonra ortaya çıkan Balkanlar ve Orta Doğu dünyasında hem de bütün İslam âleminde gerçekten etkileri olmuştur. Bugün hâlâ Kuzey Afrika'da, Cezayir, Tunus halk kültüründe pazarda satılan camaltı resimlerde bile İstiklâl Savaşı komutanlarının portrelerini görürsünüz. Dönemin dünyasında özellikle Hindistan Müslümanları arasındaki değerlendirmelerin heyecanı halen devam etmektedir. Mustafa Kemal Paşa, İslam dünyasında da bir kahraman olarak kabul edilmiştir. Hatta Pakistan'ın millî şairi Muhammed İkbal de dahil olmak üzere, pek çok şair ve yazar tarafından onunla ilgili eserler ortaya konmuştur.

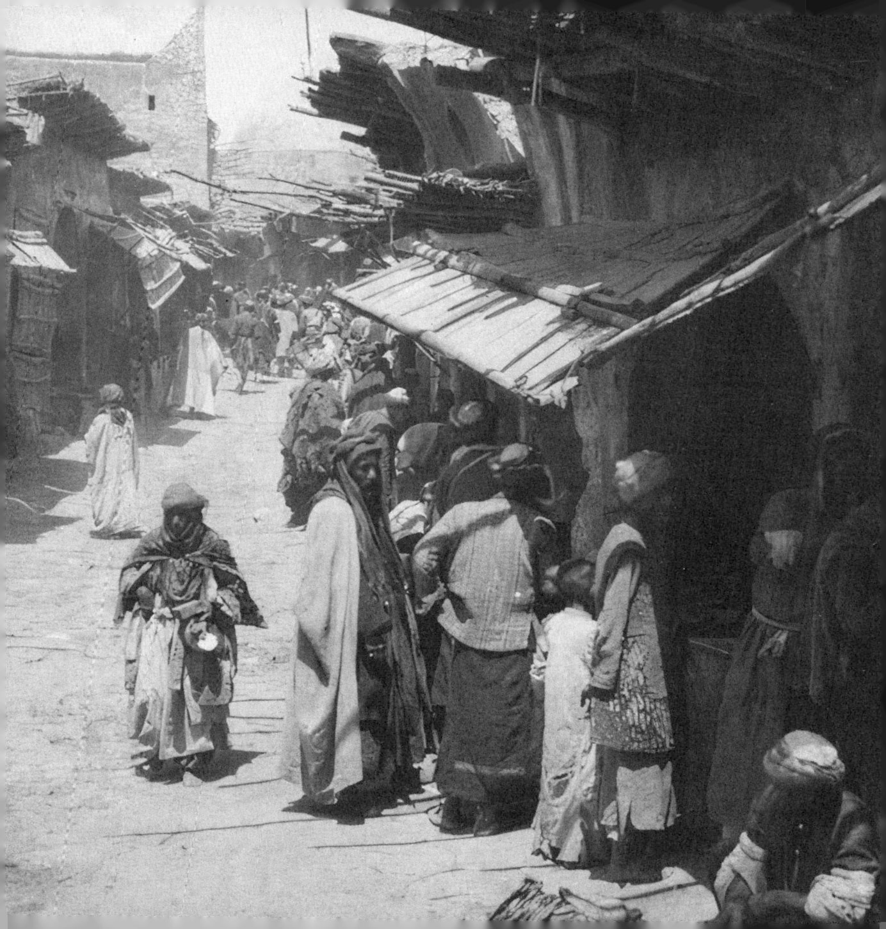

Manda ve Himaye Nedir?

Siyasal anlamdaki "manda", Fransızca bir kelime olup, Birinci Dünya Savaşı'ndan sonra az gelişmiş bazı ülkelerin kendilerini yönetebilecek kadar ileri bir seviyeye ulaşabilmeleri için Cemiyet-i Akvam adına bazı büyük devletlere verilen yetkidir. Mandada, geleneksel sömürgecilikten uzaklaşmak düşüncesi varsa da aslında pratikte pek öyle olmamıştır. Himaye ise zaten kullandığımız bir kelime olup, orada da uluslararası ilişkilerde bir devletin diğerini tek taraflı koruma altına alması anlamına gelebiliyor. Tarihimizde manda ve himaye Birinci Dünya Savaşı'nın bitiminde Osmanlı Türkiye'si için düşünülmüştü. Özellikle Amerikan mandası ve İngiliz himayesine taraftar olanlar vardı. Oluşan korku ikliminde mandacılık taraftarları avuçta kalan küçük bir toprak parçasına razı geldiler. Ama Atatürk korkmadı ve şartlar ne olursa olsun orduya ve millete güvendi. Kendisi gibi düşünen arkadaşlarıyla birlikte kongrelerde mandacılık ve himayecilik reddedildi. Ardından da vatanın bütünlüğü, milletin bağımsızlığı için büyük bir mücadele verilmeye başlandı.

Temsil Heyeti Ankara'ya giderken çekilen bu fotoğrafta Mustafa Kemal Paşa'nın sağında Rauf Bey (Orbay), solunda ise Mazhar Müfit Bey (Kansu) görülüyor.

Osmanlı'nın Yıkılışı Kaçınılmazdı

Bu böyledir; imparatorluklar yıkılır. Doğru dürüst yıkılan bir imparatorluk, tasfiye edilen bir imparatorluk anavatanı kurtarır. Anavatanın kültürel uzantıları yaşamaya devam eder. Bugün Balkanlar ve Orta Doğu'da derece derece her halkın bünyesinde bu izler görülür. Önemli Balkan dillerinde ve Arapçada Türkçe solisizmler (ödünç kelime, deyim), folklorda ve mutfaktaki izler yanında, hukuki mevzuatta da bugün ve hepsinde Türk dilli kültürel azınlık "emperia" memleketlerde hayatına devam eder. O dönemin şartlarında Osmanlı'nın parçalanması kaçınılmaz gibiydi. Bunda başlıca etken, imparatorluğun çok şiddetli ve kanlı iç çatışmalara girmesidir. Ne var ki Osmanlı İmparatorluğu yıkılırken maalesef içindeki ana unsurun, Türk unsurun Rumeli'deki vatanını da kaybetmiştir. Açıkçası bu çok önemli bir kayıptır. Bizim olmayan bir savaşa girmişiz. O savaşın sonunda kaybettiklerimiz elbette var. Bir kere bu kaybettiklerimizin içinde en mühimi saban tutan, demir döven nüfus var. Ve bu savaşın sonunda asıl önemlisi Türkiye 50 yılda telafi edemeyeceği bir münevver

zümreyi kaybediyor. Bunların yükünü hâlâ taşıyoruz. Zira bir medeniyeti, bir rengi temsil eden münevver sınıf ortadan gidiyor. Yani bugünkü Türkiye eğer maziyle kopuk bir gençlik sahibiyse bunun nedenlerini imparatorluğun içindeki kopmalarda aramak lazım.

Fransızların ünlü Le Petit Journal dergisinin 18 Ekim 1908 tarihinde yayımladığı bu çizimde Avusturya-Macaristan İmparatoru Franz Joseph'ın Bosna-Hersek'i Osmanlı hâkimiyetinden koparma, Bulgar Prensi Ferdinand'ın ise Bulgaristan'ın tam bağımsızlığını kazanma sürecindeki rollerine dikkat çekilmiş. Osmanlı Padişahı II. Abdülhamid'in ise olup biteni çaresizce izlediği tasvir edilmiş.

Sevr Antlaşması

Sevr, Türkiye için bir kâbustu. Ancak nihai tasdik gelmedi ve Ankara Hükûmeti kesinlikle reddetti. Zira Türklere karşı, "Avrupa'da yeriniz yok ve Anadolu'da da kim isterse sizden istediğini alır. Kurak Anadolu yaylasının bir tarafına sokulsanız ve İstanbul'da da yaşama hakkı elde etseniz ne nimet" havası hâkimdi. Sevr sarsıcı etkiler yarattı. Tepki sert oldu. En önemli tepkilerden biri, Hint Müslümanlarının protestosuydu. Sonrasında Lloyd George bile ileri gittiğini anlamıştı.

Sevr, Türkiye üzerindeki emellerin unutulamadığını ve unutulmaz olduğunu gösterir ama bu emellerin ortak bir güçle ve tatbikatla gerçekleştirilmesi konusunda Batı dünyası artık eski gücüne sahip değildi. Trakya ve Anadolu topraklarının Türkiye oluşu, bilhassa 1930'lardaki eğitim reformu ve sağlık tedbirleri sonucu artmaya başlayan nüfus, 1940'ların sonunda başlayan tarımsal hasılasının artmasını sağlayan zirai reformlar ve 1960'lardaki sanayileşmenin büyüdüğü yeni bir cemiyet yapısıyla Sevr gibi bir kâbusun gerçek olması büyük ölçüde önlenmiştir.

Sevr Barış Antlaşması'nı imzalayan Osmanlı heyeti: Fotoğrafta soldan sağa Rıza Tevfik Bey, Damat Ferid Paşa, Hadi Paşa ve Reşad Halis Bey yer almaktalar.

Sultan Vahideddin (1)

VI. Mehmed Vahideddin fazlaca günah keçisi ilan edilen, hataları abartılmak bir yana bazen yapmadığı işler bile kendisine atfedilen bir padişahtır. Zira Birinci Dünya Savaşı'nın hemen tamamında saltanat makamında V. Mehmed Reşad vardı. Vahideddin'e harbte saltanat süresi olarak hemen hiçbir şey kalmadı. Tabii hataları vardı. Belki de en önemli hatası Damat Ferid'e aşırı güvenmesi ve liyakatsizliğini görememesi oldu. "Mustafa Kemal Paşa'yı Harbiye Nazırı yapabilirdi" denilmektedir. Paşanın böyle bir teklifi yaptığına dair rivayetler de var. Ama padişahın bu atamaya cesareti yoktu.

Bunun yanında iflah olmaz bir İttihatçı düşmanıydı. Anadolu mücadelesini bazı kişiler ve gösterilerle İttihat Terakki ile aynileştirdi. Bu hata, onun İttihat Terakki'yi de Anadolu hareketini de anlamayacak kadar zayıf görüşlü olmasından ve sağlıklı bir mütalaa yapamamasından ileri gelir. Taraftarlarının ne kadar olayların dışında kalan, zayıf mütalaalarda bulunan adamlar olduğunu kavrayamamıştır. İstanbul basınındaki

VI. Mehmed Vahideddin şehzadelik döneminde…

Sultan Vahideddin (2)

Anadolu muhaliflerine fazla taviz verip güvenmesi de bir diğer kusurudur.

Mustafa Kemal, kendi anılarında ve *Nutuk*'ta Sultan Vahideddin'i uyuşuk, iradesiz olduğu kadar daima yarı kapalı gözleri ile hilekâr entrikalar çevirmeyi seven bir kişi olarak tasvir eder. Belli ki savaşın sonunda pekâlâ dostane ilişkiler içinde olan ikilinin arası artık iyi değildir. Vahideddin, şehzade veliahtken uzun bir Avusturya-Almanya yolculuğu yapmıştı ve yaveri Mustafa Kemal Paşa'ydı. Mütarekede de Anadolu müfettişliğiyle görevlendirecek kadar bu ilişkilerini sürdüren sultan ile Mustafa Kemal Paşa artık tamamıyla zıtlaşmış bir politika içine girmişlerdi. Maalesef VI. Mehmed bu tutumundan Sakarya zaferinden sonra dahi vazgeçmedi; Anadolu'daki TBMM Hükûmeti'ne Tevfik Paşa kadar güvenme ve yanaşma basiretini de gösteremedi. Damadı Ferit Paşa'nın tesiri altında kalıyordu. Yeterli iradeyi ortaya koyduğunu söyleyemeyiz. Dolayısıyla Millî Mücadele dönemindeki basiretsizliği Vahideddin'in 17 Kasım 1922 günü İngilizlerin *HMS Malaya* zırhlısına binerek İstanbul'dan ayrılmasına yol açtı.

Padişah VI. Mehmed Vahideddin Osmanlı askerî üniforması ile...

Millî Mücadele Öncesinde Genel Görünüm

Birinci Dünya Savaşı'nı Osmanlı İmparatorluğu açısından bitiren 30 Ekim 1918 Mondros Mütarekesi ile Atatürk'ün TBMM'yi kuracağı Ankara'ya ulaştığı 27 Aralık 1919 arasındaki yaklaşık 14 aylık zaman Türkiye tarihi açısından çok önemli bir dönemeçtir. 23 Nisan 1920'de TBMM'nin kurulmasına giden yolda bu sürecin iyi izlenmesi gerekir. Zira Birinci Dünya Savaşı galip ülkelerin "Pirus Zaferi" ile bitmişti. Savaştan yorgun çıkan İtilaf Devletleri kendi iç meseleleriyle boğulmuşlardı.

Mısır, Irak ve Hindistan'da meydana gelen olaylar ve diğer sebeplerden dolayı Britanya, Yakın ve Orta Doğu'daki istila alanını daraltmak zorunda kalacaktı. İtalya yorgunluğunun bilincindeydi; iç problemleri vardı, üstelik müttefikleri tarafından da aldatılmıştı. O yüzden Türkiye'ye karşı daha hayırhah davranmaktaydı. Fransa, Britanya karşısında baskın durumda değildi. Beklentilerini tam olarak karşılayamıyordu. Bütün bunlar Müttefikler arasında gerilim ve parçalanma başlatacaktı. Kısacası, işgal altındaki Anadolu'da Millî Mücadele'nin başlatılması için uygun bir zemin oluşuyordu.

Birinci Dünya Savaşı'nı kazanan devletlerin savaş sonrasındaki süreçte nasıl bir yol izlenmesi gerektiğini tartıştıkları Paris Barış Konferansı'ndan bir enstantane... (18 Ocak 1919)

Kuva-yı Milliye

Kuva-yı Milliye, "Millî Güçler" anlamına gelmektedir. Onlara kısaca "Kuvvacılar" da denirdi. Anadolu'nun işgali ile birlikte Mondros Mütarekesi'nin ölüm fermanına benzer dayatmalarına karşı Türk milletinin bir nevi kendini müdafaasıdır. Fakat yekpare ve tek merkezden organize edilen bir yapı değildi; her biri kendi bölgesinde, yöresinde oluşturulan birliklerden müteşekkildi. Yani nerede bir işgal varsa, orada bir direniş vardı. Kuva-yı Milliye sayesinde Millî Mücadele'nin ilk silahlı direnişi 19 Aralık 1918'de Dörtyol'da, Fransızlara karşı ortaya konmuştur. Bu ilk kurşun, 19 Mayıs'tan öncedir. Ardından da İzmir'in işgali ile birlikte Batı Anadolu'daki Kuva-yı Milliye birlikleri harekete geçtiler ve yerel örgütlenmeler olarak zuhur ettiler. Düzenli ordunun kuruluşuna kadar eşgüdümlü olarak çalışılmıştır. Ancak bu süreçte birtakım ayrılıklar da yaşanmıştır. Yöresel direnişe liderlik eden çete reisleri düzenli bir ordu içerisinde yer almak istememişlerdi. Fakat zamanla bu mukavemet kırılmış ve Mustafa Kemal Paşa tarafından düzenli orduya dâhil edilmişlerdir.

Yörük Ali Efe ve
Kuvvacılar.

İlk Kurşun: Güney'de Direniş Başlıyor

Fransızların kendi işgal bölgelerinde yerli Hristiyanları ve Ermeni lejyonerleri kullanma isteği Fransız işgal birliklerine karşı direnişin başlamasına neden oldu. Maraş, Anteb ve Urfa'dan önce Dörtyol mıntıkasında direniş başlamıştır. Dolayısıyla Batı Anadolu'da redd-i ilhak cemiyetlerinde ve kongrelerde hukuku savunmak üzerine konuşulurken, güney bölgesinde direniş hareketlerinin ve işgale karşı birleşmelerin 1919'u bile beklemeden başladığı söylenebilir. Bu direniş hareketleri ciddi derecede etkili olmuştur. Mesela, 21 Ocak 1919 tarihinde Maraş'ta, "Fransız bayrağı kalede dalgalandıkça Cuma namazı farz değildir" deniliyor. 11-12 Şubat tarihlerinde bir ay bile sürmeyen mücadele sonunda Maraş bölgesi boşaltılıyor. Yine 1919'un son aylarında bu savunma ve örgütlenme Çukurova'da 1909 olaylarından beri görülmeyen çatışmalara neden olmuştu. Aynı esnada Karadeniz'de Pontus hareketine karşı bir huzursuzluk yaşanıyordu. Batı'da ise Yunan işgali bardağı taşıran son damla olacak ve direniş başlayacaktır. Bir merkezden yönetilmeyen bu mahallî direnişler, Anadolu'daki Millî Mücadele hareketine ilham vermiştir.

İzmir'in İşgali

Yunan birlikleri 14-15 Mayıs 1919'da, Amiral Calthorpe'un kumandasında, körfezde demirleyen Britanya donanmasının himayesinde İzmir'e çıktılar. İngiltere, Yunanistan'ı hem manen hem maddeten desteklemiştir. Doğrusu Fransa dahi Yunanistan'ı desteklemekte tereddüt etmemişti. Buna rağmen maalesef şehir, dönemin askerî geleneğine uygun, güçlü ve düzenli ordularınki gibi bir işgal yaşamadı. Ağır Mondros şartlarının daha da ağırlaştırıldığı ve işgal hukuku şartları içinde hareket etmeleri beklenemeyecek Yunan işgal kuvvetlerinin tavrının herkesi tedirgin ettiği ve tepki yarattığı açıktır.

Karaya çıkan Yunan kıtalarının karşısında, o gün, o an ilk şehitler de adlarını tarihe yazdırdı. Bunların bazıları mevcut kolordunun subayları ve gazeteci Hasan Tahsin gibi görevlerinin sorumluluğu ve onuruyla hareket etmiş olan kimselerdi. Bazıları ise karaya çıkan Yunan kıtaatın efradının askerî teamül ve disiplinden yoksunluğu dolayısıyla katledilen asker ve sivillerdi. 15 Mayıs ve sonrasında, Türk halkı direniş için İzmir'in bu durumundan ibret ve direniş gücü aldı.

İzmir'e çıkan Yunan Evzon (Efsun) askerleri...

Helenizm

19. yüzyıla gelindiği zaman beşeriyetin ve Avrupa'nın kafasında şu fikir vardı: "Biz ancak ve ancak eski Yunanla var olmuşuz." Hatta 18. yüzyılda bu daha da abartılıyordu: "Ne ki Yunanistan'da vardır ondan sonra hepsi boştur (*pseudo*), tekrarlamadır. Biz yalnızca Helenizm'le var olan modern insanlığız." Bu, bir Helenizm cereyanıdır ve çok kuvvetli bir akımdır. Bu yüzden Yunan ayaklanması sırasında, Lord Byron başta olmak üzere, seçkin münevverler gidip Türk cephesine karşı savaşırken ya hastalandılar ya da muharebede öldüler. Bunlar, Yunanistan için ölmüşlerdir. Mesela Lord Byron Türkleri de seviyor, takdir ediyordu, fakat bu onun için mühim değildi; ona göre, hürriyet idealinin yaşaması için Helenlerin Türklerden kurtulması lazımdı. Kendisi bu yolda hayatını ortaya koymuş, hem de Londra'daki parlak hayatı bırakıp genç yaşta Yunanistan'ın bataklıklarında hastalanarak ölmüştür. Avrupa'nın önemli bir kısmı üzerinde etkili olan Helenizm hiç şüphe yok ki Millî Mücadele dönemi medhalinde Yunanların işini fazlasıyla kolaylaştırmıştı.

Ressam Ludovico Lipparini'nin çizdiği ve Yunan İsyanı'nı anlatan "Markos Botsaris'in Mezarı Önünde Lord Byron'ın Yemini" adlı tablo. Markos Botsaris Yunan İsyanı sırasında hayatını kaybetmiş önemli bir halk kahramanıydı.

9'uncu Ordu Müfettişi

Mustafa Kemal'in Anadolu'ya geçişinde resmî görev olarak bu unvan ona verilmiştir. Resmî vazifesi 9'uncu Ordu Müfettişliğiydi. Bu ordu 7 Haziran 1918 tarihinde kurulmuştu. Özellikle Kafkas Tümenleri bu orduya bağlıydı. Mustafa Kemal Paşa müfettiş sıfatıyla Canik yöresindeki Türk-Rum çatışmalarını inceleyecek ve asayişin sağlanması için gerekli önlemleri alacaktı. Tabii vazifesi sadece kağıt üzerinde kalacaktı. Bununla beraber, İstanbul'dan çok geniş yetkiler almıştı, sadece kumandanlara değil, vali ve kaymakamlara da emir verme yetkisine sahipti.

16 Mayıs 1919 günü *Bandırma* Vapuru ile İstanbul'dan hareket eden Mustafa Kemal Paşa yanına güvendiği insanları aldı. Müfettişlik heyetinde 22 kişi bulunuyordu. Vapurda çeşitli işlerden sorumlu 25 kişilik bir erbaş-er grubu da bulunuyordu. 48 kişiyi taşıyan *Bandırma* Vapuru 19 Mayıs 1919 Pazartesi günü sabah saat 8'e doğru Samsun'a vardı. Heyet burada askerî ve mülki erkân tarafından karşılandı. Ardından da vakit geçirmeden Millî Mücadele hareketinin alt yapısını oluşturmak için çalışmalara başladı.

Yıldırım Orduları Grubu Komutanı Mustafa Kemal Paşa, yaverleri Salih (Bozok), Şükrü (Tezer) ve Cevat Abbas (Gürer) Bey ile beraber. (1918)

Samsun'a Çıkış

15 Mayıs'ta Yunanların İzmir'e çıkışı üzerine, 9'uncu Ordu Müfettişi Mustafa Kemal ivedi biçimde Samsun'a hareket etti ve 19 Mayıs günü Samsun'a geldi. Resmî görevli olması sebebiyle bir heyet tarafından karşılandı. Bir müddet burada mesai yaptıktan sonra Havza'ya geçti. Tabii kısa sürede bu görevinden azledildi ama yine de Anadolu'da direnişi örgütleyen Erzurum ve Sivas kongrelerini tertip ederek Ankara'nın ve yeni meclisin yolunu açtı.

Samsun, kurtuluş mücadelesinin fitilinin ateşlendiği şehir oldu. Nitekim seneler sonra o günü anlatırken, "Samsun'u ve Samsun halkını gördüğüm zaman memlekete ve millete ait bütün tasavvurlarımın, kararlarımın yerine getirilebilir olduğuna bir defa daha kuvvetle inanmıştım. Samsunluların hal ve durumlarında gördüğüm, gözlerinden okuduğum vatanseverlik, fedakârlık, ümit ve tasavvurlarımı müspet bir inanca götürmeye yeterli olmuştu" diyecekti. Bu olay tarihimizin en önemli dönüm noktalarından biridir. Atatürk de zaten *Nutuk*'u bu tarihten başlatır. Hatta ileride doğum gününün tarihi olarak 19 Mayıs'ı seçmesi de böyle açıklanabilir.

9'uncu Ordu
Müfettişi
Mustafa
Kemal Paşa.
(1919)

Bandırma Vapuru

Bandırma Vapuru, İskoçya'da imal edilmiş bir yük ve yolcu vapuruydu. Britanya'dan sonra Yunanistan'ın kullandığı vapur 1894'te Osmanlı'ya, İdare-i Mahsusa'ya geçmiş ve ismi *Panderma* yapılmıştır. Mustafa Kemal, Karadeniz kıyısındaki Pontusçulara karşı savunmada olan Türklerin diğeriyle çatışmasını önlemek gerekçesiyle, 16 Mayıs'ta Galata rıhtımından bir motorla hareket ederek, millî mücadeleni Kız Kulesi açıklarında bekleyen *Bandırma* Vapuru'na bindi. Vapurun kaptanı tecrübeli bir isim olan İsmail Hakkı (Durusu) Bey idi. Mustafa Kemal Paşa, yolculuktan birkaç gün önce, kaptanla görüşmüş ve güzergâh ve yolculuk hakkında epeyce konuşmuştu. Böylece, âdeta tarihi değiştirecek olan *Bandırma* Vapuru saat 16 sularında hareket etti. Vapur dalgaların etkisiyle sallantısını artırınca güvertede oturanlar birer ikişer içeriye girdiler, dev dalgalar arasından yola devam edildi. 19 Mayıs sabahı, İngiliz denetimindeki Samsun'a geldiklerinde neredeyse hastalanmayan kalmamıştı. Mustafa Kemal Paşa da kulak ağrısı çekiyordu. O gün taşıdığı yolculardan dolayı Türk tarihine geçen *Bandırma* Vapuru, 1924 yılında maalesef hurdaya alınıp sökülmüştür.

Mustafa Kemal Paşa ve arkadaşlarını Samsun'a götüren
Bandırma vapuru bir seyir esnasında...

Havza Genelgesi

Mustafa Kemal Paşa ve beraberindekiler ilk anda Samsun'da etkin olamadılar, olmak mümkün değildi. Karadeniz'i kontrol eden Britanya askerî kuvvetleri ve General Milne, paşanın gelişinden huzursuzdu ve burada bulunmasını istemiyordu. Mustafa Kemal Paşa ve karargâhı teşkilatlanma hareketi bir yana, açıkça konuşmanın bile pek akıllıca olmayacağı bir noktadaydılar. Ama Havza'ya çıkıldığı zaman faaliyet başlayacaktı. 25 Mayıs günü Havza'ya ulaştılar. Burada çok kalınmamıştır, zira şehri örgütlenmeye çok uygun bulmadılar veya burası yeterince güçlü bir stratejik merkez olarak görünmüyordu. Ancak bir tamim (genelge) yayımlandı. 28 Mayıs 1919'da yayımlanan bu tamim Millî Mücadele döneminin ilk genelgesi oldu. Genelge kapsamında Mustafa Kemal Paşa, Mondros'un hilafına, askerî birliklerin terhis edilmemesini istiyordu. Ayrıca halktan direniş teşkilatları kurmaları ve protesto eylemleri yapmaları da isteniyordu.

Öte yandan İngilizler, İstanbul'u sıkıştırmaya başlamışlardı. Zira Mustafa Kemal'in Samsun civarına gelişinin kâğıt üstündeki sebebi, bu yörede Türklerle Rumlar arasında çıkan çatışmaları araştırıp, rapor hazırlamaktı. O ise İstanbul'dan gelen telgrafları geçiştiriyordu. Bunun üzerine İstanbul'a geri çağrıldı. Fakat bu çağrıyı yok sayacak ve Amasya'ya hareket edecekti.

T.C.

Amasya Tamimi

Millî Mücadele'nin başlangıç tarihi Mustafa Kemal'in Samsun'a çıktığı gün olan 19 Mayıs 1919'dur, bu böyledir. Fakat "Şartların değerlendirilmesi açısından nedir?" diye sorulursa bu, Amasya Tamimi'dir. Amasya Tamimi bütün cihanda işgalci devletler arasında, komünist ihtilali kavgasını veren Rusya'da, Uzak Asya'da, Hindistan alt kıtasında, bir kavganın ve yeni bir dönemin başlangıcı olarak kabul edilmiştir. Onun için bu tarih üzerinde ısrarla durulması gerekir.

Amasya'ya geldikten sonra çalışmalarına devam eden Mustafa Kemal Paşa, Rauf Bey (Orbay), Refet Bey (Bele) ve Ali Fuat Paşa (Cebesoy) ile birlikte bu tamimi yayımlamıştır. Amasya Tamimi'ne izleyen dönemde pek çok kumandan daha imza koymuştur. Bu tamim ile memleketin içinde bulunduğu durum resmedilmiş, kurtuluş için yöntemler ortaya konmuş ve millî bir kongre toplanması istenmiştir. Aynı tamimde "Milletin iradesi bu mücadeleyi yürütecek ve kararı alacaktır" ifadesi de yer almıştır. Böylelikle Millî Mücadele yolunda çok önemli bir adım atılmıştır.

Mustafa Kemal Paşa, Rauf Bey (Orbay) ve Ali Fuat Paşa (Cebesoy) Amasya'da...
(21 Haziran 1919)

Erzurum Kongresi

Erzurum'daki kongre, toplanma amacı bakımından bölgeseldi, ancak, alınan kararlarla millî bir kongreye dönüşecekti. Erzurum Kongresi teşkilatlanma ve katılım yönünden doğuş halindeydi. Mustafa Kemal Paşa'nın İstanbul'da verilen yetkileri kongre öncesinde elinden alınmış, o da askerlikten istifa ederek milletin bir ferdi olacağını söylemişti. Ancak bu statünün bu mücadeleyi götüremeyeceği de barizdi.

Kâzım Karabekir ve Ali Fuat Paşaların Mustafa Kemal'i yine kumandanları olarak tanıyacaklarını bildirmeleri ve bir nevi biat etmeleri mücadelenin yolunu berkitti ve kongre başkanı seçildi. Osmanlı tarihinde ilk defa merkezin karar ve kesin emirlerinin aksine hareket eden bir zümreleşme vardı ve bunu devletin asker ve sivil memurları yapıyordu. Mustafa Kemal Paşa ve örgütünün yeni unvanı, "Temsil Heyeti Başkanlığı" idi. "Millî sınırlar içinde vatan bir bütündür, parçalanamaz" ve "Her türlü yabancı işgaline ve müdahalesine karşı, millet hep birlikte direniş ve savunmaya geçecektir" gibi önemli maddeler ilan edildi.

Mustafa Kemal Paşa Erzurum'da toplanacak kongrenin hazırlık görüşmelerinden birinde... En sağda Mazhar Müfit Bey (Kansu) yer alırken, ayakta ise Refik Bey (Saydam) görülüyor... (5 Temmuz 1919)

Temsil Heyeti

Temsil Heyeti ya da Heyet-i Temsiliye Erzurum Kongresi'nde oluşturulmuştu ve alınan kararlarla millî bir yapıya dönüşecekti. Mustafa Kemal Paşa'nın İstanbul'da verilen yetkileri kongre öncesinde elinden alınmış, o da askerlikten istifa ederek milletin bir ferdi durumuna gelmişti. Fakat orada kongrenin başkanı seçildi ve artık "Temsil Heyeti Başkanlığı" görevindeydi. Erzurum'dan sonra, toplanması Amasya Tamimi'nde ilan edilen millî kongre için Sivas'a geçildi. Aynı dönemde İstanbul Hükûmeti kongrenin basılması ve Mustafa Kemal'in tutuklanması emri verdi. Mevcut şartlar altında kongre toplandı. Yeni bir heyet teşekkül ederken başkanı yine Mustafa Kemal'di. Erzurum Kongresi kararları aynıyla kabul edildi. Manda ve himaye kati suretle reddedildi. Bu arada Mustafa Kemal Paşa yılın son günlerinde Ankara'ya geldi ve Ankara'yı Millî Mücadele'nin idare merkezi seçti. Mebusan Meclisi'nin dağıtılmasının ardından da Ankara'da Büyük Millet Meclisi açılınca, Temsil Heyeti lağvedilerek ülke yönetimi bu meclise devredildi.

Sivas Kongresi

Erzurum'dan sonra toplanacağı Amasya Tamimi'nde ilan edilen millî kongre için Eylül ayında Sivas'a geçildi. İstanbul Hükûmeti ise kongrenin basılması ve Mustafa Kemal'in tutuklanması emrini vermişti. Yeni bir heyet teşekkül ederken başkan yine Mustafa Kemal Paşa'ydı. Erzurum Kongresi kararları aynıyla kabul edildi ve manda ve himaye kati suretle reddedildi. Anadolu mücadelesi burada düzenlendi; malzemenin niteliği, etraftaki asker ve sivillerle olan ilişki savaşı tayin edecekti.

Sivas Kongresi kararları içindeki en önemli ifade yeminde vardı: Buna göre "Vatanın bu hale gelmesindeki rolleri nedeniyle İttihat Terakki ricalini tedib edeceğim. Ben İttihatçılığın ihyasına çalışmayacağıma, İttihatçı yollarla ve siyasetle ilişki kurulamayacağı ve vallahi ve billahi..." İstanbul Hükûmeti ve onun Anadolu Hükûmeti'ni maceracı İttihatçılıkla suçlaması reddediliyor ve bu hareketle ilgileri olanlar artık Berlin ve Sovyet topraklarında olan veya Azerbaycan'da bulunan İttihatçı liderlerle alakalarını kestiklerini böylece ilan ediyorlardı. Bu konuda değişim yoktu ve taviz verilemezdi.

Mustafa Kemal Paşa Sivas Kongresi azaları ile beraber... Fotoğrafta Mazhar Müfit Bey (Kansu), Bekir Sami Bey (Kunduh), Erkân-ı Harp Binbaşısı Hüsrev Bey (Gerede), Rauf Bey (Orbay), Ruşen Eşref Bey (Ünaydın) gibi şahsiyetler de yer alıyor. (11 Eylül 1919)

İttihatçılık İthamı

İstanbul'daki Damat Ferid grubu Mustafa Kemal'i ve çevresindekileri devamlı olarak İttihatçılıkla suçluyorlardı. Hâlbuki İttihatçılıkla bağları çoktan kopmuştu. İttihat ve Terakki liderlerinin onları pek sevmediği ve onların da İttihatçılardan pek hazzetmediği herkesçe malumdur. Ama bu gibi suçlamaların haklı bir tarafı da vardır. Ankara'daki ilk meclis binası bile bir İttihat Terakki kulübü olarak yapılmıştı. Nihayet milletin en dinamik unsurları bu partinin saflarındaki genç unsurlardı. Bunların bir kısmı eski İttihatçı liderleri tutuyorlardı. Hatta Enver'i iltica ettiği Almanya'dan getirip Millî Mücadele'nin başına geçirmek isteyenler de vardı. Ama İttihatçıların önemli bir kısmı artık bunun yürümeyeceğini ve bu sevdayı terk etmek gerektiğini, Anadolu Müdafaa-i Hukuk grupları etrafında, Mustafa Kemal Paşa'nın etrafında toplanıp Mustafa Kemal Paşa'ya kesin olarak katılmak gerektiğini anlamışlardı. Esasen İstiklâl Savaşı kadrolarında etkin ve önde gelen İttihatçılar yer alamamıştı. Sivas Kongresi üyelerinin yemin metni ise zaten İttihatçı siyaseti men etmekteydi.

Mustafa Kemal Paşa
Sivas Kongresi'nde...

Misak-ı Millî

Yeniden çalışmaya başlayan Osmanlı Mebusan Meclisi 12 Ocak 1920'de İstanbul'da toplanmıştı. Meclis baskı altındaydı ancak yine de Misak-ı Millî kararları kabul edildi. Kabul edilen altı maddelik beyannamede devletin bağımsızlığına ve Türk vatanının bir bütün olup parçalanamayacağına dikkat çekilmişti. Dolayısıyla milletin yaşayacağı millî sınırların kapsamına da vurgu yapılmıştı. Mustafa Kemal Paşa daha sonra açılacak Türkiye Büyük Millet Meclisi'nde yapacağı konuşmada "Efendiler bu hudud, sırf askerî mülahazat ile çizilmiş bir hudud değildir, hudud-u millîdir. Hudud-u millî olmak üzere tespit edilmiştir" diyerek belirlenen sınırlara atfedilen önemi bir kez daha ortaya koyacaktı. Bununla birlikte Misak-ı Millî sınırları içine dâhil edilen yerlerden Hatay, Musul bölgesi, Batum livası ve Batı Trakya Lozan Barış Antlaşması imzalandığında Türkiye toprakları haricinde kaldı. Ancak Hatay takip edilen politikalar ve denge oyunlarından iyi istifade edilmesi suretiyle 1939'da anavatana yeniden katılabildi.

İstanbul'un İşgali

Misak-ı Millî'nin Ocak 1920'de Osmanlı Meclis-i Mebusan'ı tarafından kabulü ve yarattığı heyecan Britanya'nın hiç hoşuna gitmedi. 16 Mart 1920'de İngilizler toplantı halindeki mebuslardan bazılarını tutuklayarak götürdüler. Böylelikle İstanbul fiilen ve resmen işgale uğradı. Osmanlı Meclis-i Mebusan'ı kapatıldı. Görünüşte Osmanlı İmparatorluğu ortadan kaldırılmış değildi. İstanbul'da sefirler vardı ve Saltanat Hükûmeti'nin dış ülkelerde sefirleri bulunuyordu. Ordu elbette ki kontrol altındaydı ama dağıtılmış değildi. Bir Osmanlı hükûmeti vardı, fakat bu hükûmetin kendi başkentindeki asayiş gücü Unkapanı Köprüsü ile Bebek Karakolu arasındaydı.

İstanbul'da müttefiklerin kontrolünü bile Britanya üstlenmişti. İtalya'nın Anadolu yakasındaki işgal faaliyeti fevkalade sınırlıydı ve Kadıköy'de anlayışlı bir işgal yönetimi kurulmuştu. Suriçi İstanbul'u ise Fransa'nın denetimine bırakılmıştı. Burada Anadolu'ya silah kaçıranlar başta olmak üzere bütün millî teşekküllerin Fransa tarafından çok ciddi bir şekilde kontrol edilip önlenmediği bilinmektedir. Bu durum karşısında İngiltere, payitahtın denetimini tek başına eline alma durumundaydı.

İşgal Kuvvetleri komutanları General Harrington, General Charpy ve General Mombelli bir aradalar...

Meclis-i Mebusan'ın Son Toplantısı

Osmanlı Meclisi de diyebileceğimiz Meclis-i Mebusan, ilk olarak 1876'daki I. Meşrutiyet döneminde açılmıştı. Ancak sonrasında Sultan Hamid tarafından kapatılmış ve 1908'deki II. Meşrutiyet'e kadar kapalı kalmıştı. Amasya görüşmelerinin de etkisiyle Osmanlı Mebusan Meclisi çalışmaya başladı. Meclis, 12 Ocak 1920'de İstanbul'da toplandı. Elbette baskı altındaydılar ancak yine de Misak-ı Millî'yi kabul ettiler. Misak-ı Millî'nin Osmanlı Meclis-i Mebusan'ı tarafından kabulü ve yarattığı heyecan Britanya'nın hiç hoşuna gitmedi ve 16 Mart 1920'de İngilizler Meclis'i bastılar, toplantı halindeki mebuslardan bazılarını tutuklayarak götürdüler. Böylelikle İstanbul fiilen ve resmen işgale uğradı. Son toplantılarından birinde Misak-ı Millî'yi kabul eden Osmanlı Meclis-i Mebusan'ı kapatıldı. Ancak bu hareket Millî Mücadele konusundaki kararlığını sona erdirmediği gibi, bilakis daha da arttırdı. Mebusların bir kısmı Ankara'ya geldiler ve Büyük Millet Meclisi çatısı altında hem mebusluklarını sürdürdüler hem de Millî Mücadele'ye katkı vermiş oldular. Meclis Başkan Vekili Celâleddin Arif Bey de bu mebus gurubunu temsilen İstanbul-Anadolu birleşmesini temsil ediyordu.

Meclis-i Mebusan'da üyeler oturum halindeler...

Malta Sürgünleri

Malta Sürgünleri 1919-20 yıllarında işgal kuvvetleri tarafından tutuklanan ve o dönemde İngiltere sömürgelerinden birisi olan Malta Adası'na sürülen 145 Türk devlet adamı, asker, yönetici ya da münevver için kullanılan bir tâbirdir. Birinci Dünya Savaşı'nın hemen bitiminde Ali İhsan Sabis Paşa ile başlamış ve Ekim 1920'ye kadar devam etmiştir. Malta'ya sürgün edilenler genellikle millî karakterli kişilerdir. Tamamen hukuk dışı bir durum olduğu için sonrasında İngilizler tarafından yavaş yavaş bırakılmışlar. İstanbul'daki son Osmanlı meclisinin üyeleri Ankara'daki meclisin tabii üyeleriydi. Bunların çoğu Malta sürgününden döndükçe ve Anadolu'ya ulaştıkça Türkiye Büyük Millet Meclisi'ne ve Millî Mücadele hareketine katıldılar. Bazılarında gıyabi sürgün kararı olmakla birlikte bu sürgünlerin meşhurları şunlardı: Rauf Orbay, Ali İhsan Paşa (Sabis), Velid Ebüzziya, Hüseyin Cahit (Yalçın), Salah Cimcoz, Ağaoğlu Ahmet, Kara Kemal, Said Halim Paşa, Ziya Gökalp, Mersinli Cemal Paşa, Kara Vasıf, Ali Çetinkaya, Süleyman Nazif, Eşref Sencer Kuşçubaşı, Yunus Nadi... Said Halim Paşa memlekete dönmeden Roma'da Ermeni komitelerinin suikastına uğradı. Sadrazam ve Mısır prensi Said Halim Paşa ilginç bir kişiliktir ve Hidiv ailesinin Türk idaresi içindeki sürekliliğini ve bağını ifade eder.

Malta'ya sürgün edilen sivil ve askerî zevat...

Millî Mücadele Dönemi Ankara'sı

27 Aralık 1919 günü Mustafa Kemal Paşa Ankara'ya geldiğinde çok varlıklı olmasa da belirli bir servet birikimine sahip, muhafazakâr görünümlü ancak dünya ile teması bulunan ve gayet örgütlü bir şehir ile karşılaşmıştı. Asıl önemlisi, stratejik önemi haiz demir yolu Ankara'ya kadar uzanmıştı. Ankara halkının Mustafa Kemal Paşa'ya ve teşebbüslerine desteği de açıktı. Bu yüzden Ankara Millî Mücadele'nin merkezi haline geldi. Büyük Millet Meclisi'nin kuruluşuyla da İstanbul hareketi Ankara'ya ve dolayısıyla Anadolu'ya entegre oldu.

Ayrıca İstanbul'daki meclisin Ankara'ya taşınması bir meşruiyet esası olarak kullanıldı. İstanbul'daki hükûmetin artık işlevlerini yerine getirememesi sebebiyle millet adına bütün karar organlarının Ankara'da toplandığı vurgulandı. Ankara'nın Millî Mücadele'nin kazanılmasındaki rolü ise unutulmadı. Cumhuriyetin kurulmasından günler önce İsmet Paşa bir kanun teklifi vererek Ankara'nın yeni Türkiye Devleti'nin başkenti olmasını önerecektir. Bu teklif büyük bir destekle kabul edildi ve Ankara 13 Ekim 1923 tarihi itibarıyla resmen başkent oldu.

Millî Mücadele döneminin başından itibaren Ankara halkının Mustafa Kemal Paşa'ya desteği açıktı. Bu yüzden de Ankara Millî Mücadele'nin merkezi haline gelmişti.

Büyük Millet Meclisi

23 Nisan 1920'de açılan ve 8 Şubat 1921'de başına "Türkiye" ifadesi eklenecek olan Büyük Millet Meclisi'nin (BMM) bazı çarpıcı özellikleri vardır. Yabancı dillerde devlet "Türk İmparatorluğu", coğrafi olarak ve vatanımız da "Türkiye" diye anılmasına rağmen, devletimizin ismi ilk defa, "Türkiye" olarak zikredilmiştir ki bu çok önemlidir. BMM'nin kuruluşu, 1400 yıl sonra devlet hayatında ilk defa "Türk" isminin kullanılması anlamına da gelir. BMM'yle beraber, bir İslam devletinde ilk defa bir meclis, "şûra" görevini yerine getiriyor ve bütün iktidarı ele alıyordu. Dolayısıyla 23 Nisan 1920'nin hem imparatorluğun dağılmasından sonra ortaya çıkan Balkanlar ve Orta Doğu dünyasında hem de İslam âleminde önemli etkileri olmuştur. Bununla birlikte 1877'de açılan Meclis-i Umumi ilk olmasına rağmen bütün iktidara sahip değildi ve yürütmeyi denetleyemiyordu. Ancak BMM, olağanüstü savaş yetkilerini bile denetleyecek durumdaydı. Bu meclis kendisinden sonra görülmeyecek biçimde orduyu denetlemiş ve dış politikaya da denetleyici bir gözle bakmıştır.

Millî Mücadele'nin ilk
meclis binası...

İlk Meclis'in İç Yapısı

TBMM'nin İstiklâl mücadelesi tarihinde asıl önemi anayasa hukuku açısındandır. İhtilallerde olağanüstü yetkili idareye ve yargıya da kanun yapma yetkisiyle sahip olan meclisler vardır. Fransız İhtilali'nde Konvansiyonel dönem ve Bolşevik dönemde Sovyet idaresi, köy sovyetinden hatta şehirlerde apartman sovyetinden Yüce Sovyet'e kadar uzanan idare bu mirası taşımaktadır. Hiç şüphesiz ki bu dediğimiz yerlerden Sovyetler veya konvansiyonel mecliste yetkiyi tek kişi ele geçirmiştir; Robespierre, Bolşevik Partisi liderlerinin hâkimiyeti gibi. 1920'de açılan TBMM'nin reisi hiç şüphesiz hükûmet reisi ve başkomutan yetkisine sahiptir.

Meclisin teşekkül tarzı daha ilginçtir. Konvansiyonel meclisler tarihinde özel konuma sahip bu meclisin yapısı 16 Mart'ta, ikinci işgal diyebileceğimiz İngilizlerin İstanbul'u tekrar işgal etmeleri ve Mebusan Meclisi'ni kapatıp üyeleri sürmesiyle doğan krize cevap veriyor. Bir ay içinde eski Mebusan Meclisi üyeleri olduğu gibi Ankara'nın tabii üyesi sayılıyorlar. Bundan başka, vilayetlerden gelen seçilmiş delegeler Müdafaa-i Millî Hukuk Cemiyeti delegeleri bir araya gelmektedirler.

Mustafa Kemal Paşa ve Büyük Millet Meclisi üyeleri ilk meclis binasının balkonunda görülüyorlar.

Meclis'te Muhalifler

Ankara'daki Meclis'in üyeleri içerisinde muhalif gruplar mevcuttu. "İkinci Grup" denen muhalif yapının içinde en muhafazakâr Müslümanlardan, sosyalizm, hatta Bolşevizm sempatizanlığına kadar uzanan üyeleri ve cumhuriyetçi eğilimlere karşı olanları bulmak mümkündür. Aynı zamanda Enver Paşa'yı tutan İttihatçı militan hizip vardı. Mustafa Kemal Paşa'nın asıl uğraştığı takım da bunlardı. Bunların amacı Türkiye sınırlarının biraz ötesinde olduğu bilinen Enver Paşa'nın Türkiye'ye girmesi ve etrafındaki grubu toplamasıydı. Sakarya Meydan Muharebesi kazanılana kadar bu karaltı devam etti.

Öte yandan, Millî Mücadele'yi yürüten grupların içerisinde bir insicam olmasa da muhalefetin zaman zaman savaşın idaresini ve alınması gereken zecri kararları bile güçlüğe soktuğu bilinmektedir. Muhalifler kendilerinden beklenmeyecek şekilde orduyu denetlemiş ve dış politikaya da denetleyici bir gözle bakmışlardır. Tartışmaların canlılığı da bunu göstermektedir. Dolayısıyla İstiklâl Savaşı dönemindeki meclis tarihte umulmayacak kadar erken demokrasi deneyimi vermiş sayılmalıdır. Çünkü imparatorluğun son zamanlarında meclislerde siyaset alanında bu olgunluk görülemedi.

Hıyanet-i Vataniye Kanunu

Milli Mücadele dönemi ve TBMM'nin ilk zamanlardaki faaliyetleri açısından önemli bir konu savaşacak düzenli ordunun teşkili ve halkın savaşa hazırlıkta istek ve dayanaklılığıydı. 1912'den beri savaş içinde olan ülkelerde genç nüfus cephelerde eridi. Zanaatkârlar, iyi çiftçiler, hekim, mühendis, hukukçular dahil eğitimli gençlerin birçoğu nüfustan eksildi. Bezgin halk ne kadar hazırlıklıydı? 1921'de Fransızların Ankara Hükümeti'ne yolladığı Henry Franklin-Bouillon'un dediği gibi "kağnı kamyona karşı ne yapabilirdi?" Askere çağrılan ve teçhiz edilen askerin silahıyla kaçanı hiç de az değildi. Birinci Dünya Savaşı'ndan yorulan halk İstanbul Hükûmeti'nin de etkisiyle (yani Millî Mücadele hareketinin gayrimeşru sayılması, halkın bu harekete katılmamasının istenmesi, askerliğin kaldırıldığının bildirilmesi gibi) Millî Mücadele hareketinin çağrısına kulak asmıyor, hatta askerler birliklerinden kaçmaya başlıyorlar ve bu kaçakların bazıları iç isyanlara katılıyorlardı. Oluşan olumsuz ortamda daha fazla bozgunculuğa müsaade etmek istemeyen Ankara Hükûmeti

TBMM'nin açılışından birkaç gün sonra (29 Nisan 1920'de) Hıyanet-i Vataniye Kanunu'nu çıkardı. Vatan hainliği kapsamına girecek hareketler belirlendi ve bunu yapanların derhal idam edilecekleri vurgulandı. Bu kanun 1991'e kadar yürürlükte kalacaktı.

Şunu belirtmekte fayda var; Hıyanet-i Vataniye Kanunu daha çok Türkiye Cumhuriyeti'nin yakın zamanlarında muhafazakâr sağ muhalefet tarafından fazlasıyla istismar edilen bir konudur. Burada âdeta bazı sol grupların da desteğiyle bir yarı resmî ideoloji ortaya çıkmıştır. Bazı isyanların maiyetleri solcu yorumlarla işlenerek TBMM Hükûmeti neredeyse bir burjuva faşizmi gibi ele alınmaktadır. Oysa açıkça söyleneceği üzere İstiklâl Savaşı'nın konjonktüründe çok ciddi zamanları içermektedir. Balkan ve Birinci Dünya Savaşı'nın yorgunu halk artık savaşacak güçte değildir. Nüfustaki eksilme hissedilmektedir. Bu nedenle TBMM Hükûmeti'nin asker toplama ve müdafaa tedbirleri için koyduğu vergilere bazı yönlerde sabırsızlıkla direnilmekte, bazı taraflarda da İstanbul Hükûmeti'nin askerlik mükellefiyetini kaldırması, Ankara'ya karşı yaptığı çağrı gibi nedenlerle halk mücadeleye katılmamaya çalışmaktaydı ve askerden kaçmalar başlamıştı. Komutanların hatıratlarında bunlar yazılıdır. Bin bir zorlukla donanımı sağlanan askerin önemli bir kısmının birliklerin içinde bulunmadığı görülmektedir.

Bu ortamda bazıları dağda eşkıya hareketlerine katıldığı gibi birçoğu da Ankara Hükûmeti'ne karşı isyanlara gönüllü katılmıştır. Bu bozgunculuğa müsaade etmek istemeyen Ankara Hükûmeti, TBMM'nin açılışından birkaç gün sonra, 29 Nisan 1920'de Hıyanet-i Vataniye Kanunu'nu çıkarmıştır. Bu yolla vatan hainliği kabul edilen suçların kapsamı ve bu kavramın sınırları çizilmiş, yapılacak hareketler ve yaptırımlar belirlenmiş ve idam cezaları uygulanmaya başlanmıştır. Ayrıca belirttiğimiz gibi kanun 1991 yılına kadar yürürlükte kalmıştır. Tabii aynen ve büyük ölçüde tatbik edildiğini söylemek de mümkün değildir. Öte yandan modern zamanlarda bunu, Birinci Dünya Savaşı'nda yoğun bir vatan müdafaası ve kahramanlık gösteren Fransa'da bile görmek mümkündür. Birinci Dünya Savaşı'ndan fazlasıyla yorgun çıkan Fransızlar İkinci Dünya Savaşı'nda Alman Nazi ordularına karşı dayanamamışlardır. Bundan ötürü Fransa lüzumundan erken ve taviz verir şekilde teslim olmuştur.

Millî Mücadele döneminde Hıyanet-i Vataniye Kanunu gibi kilit ve önemli yasaların çıkarıldığı TBMM binası...

1921 Anayasası: Teşkilat-ı Esasiye

20 Ocak 1921 tarihinde modern Türkiye'nin ilk anayasası kabul edildi ve Ankara'daki TBMM tarafından yürürlüğe sokuldu. Nadir ve o derecede garip bir uzlaşı ile 1293 (M. 1876) tarihli imparatorluk anayasası ile bir arada yürürlükte olacaktı. Uygulamaya bakıldığında, meşrutî monarşinin temel kanunu olan 1876 Kanun-ı Esasisi'ne riayet artık mümkün değildi. Zira Ankara'daki sistem, konvansiyonel denen meclis sistemiydi. Bakanları meclis, yani milletvekillerinin oyu belirliyor, hükûmetin reisi de TBMM reisi (yani Mustafa Kemal Paşa) oluyordu. Ordu gene TBMM Hükûmeti'nin ordusuydu.

Her şeye rağmen Türkiye'yi yöneten kadro, Millî Mücadele'yi kanuna ve meşru olmaya dikkat ederek yürütüyordu ve tarihin şartları içinde bu mücadele zafere ulaştıktan sonra da 1876 Kanun-ı Esasisi hukuken 1922 Kasım'ında saltanatın lağvıyla ortadan kalkacak, 1921 Anayasası da yerini 1924 Teşkilat-ı Esasiye kanununa bırakacaktı. Şu ana kadar Türkiye Cumhuriyeti'nin en uzun ömürlü anayasası da bu 1924 tarihli metin olmuştur.

Teşkilat-ı Esasiye TBMM tarafından kabul edilen ilk anayasaydı ve Türkiye Cumhuriyet'i kurulduktan sonra da kısa süre yürürlükte kalmıştı.

Londra Konferansı

TBMM'nin ilkeli işleyişi dış dünyada etkisini göstermiştir. Sevr'in Ankara tarafından kabul edilmeyeceğini hesaba katan İtilaf Devletleri bir konferans toplayarak konuyu tekrar müzakere etmek istemişlerdi. Fakat toplanacak Londra Konferansı'nın bir ciddi tashih değil, oyalama olduğu anlaşılıyordu. Mustafa Kemal Paşa da bunu biliyordu. Başkumandana göre İtilâf Devletleri Sevr projesinden sonra aralarında imzaladıkları ve Anadolu'yu nüfuz bölgelerine ayıran bir anlaşmayı hükûmete başka adlar altında benimsetmek niyetindeydi. Bu ise hiçbir şekilde kabul edilemezdi. Üstelik konferansa İstanbul'u da çağırarak ikilik yaratmayı planlıyorlardı.

Buna rağmen konferansa katılmanın Ankara için fiilen tanınmak anlamına geleceği düşünüldü. Ayrıca bu durum İtilaf Devletleri'nin "Türkler barış istemiyorlar" yalanının reddedilmesi anlamına gelecekti. Konferansın en müspet gelişmesi ise İstanbul heyeti adına orada bulunan Tevfik Paşa'nın, "Türk milletinin gerçek temsilcisi Ankara Hükûmeti'dir" diyerek sözü Ankara Hükûmeti temsilcisi Sami Bey'e vermesiydi. Bu ifade bir bakıma Ankara Hükûmeti'nin Türk milletini temsil ettiğinin resmî kabulü anlamına geliyordu.

Londra Konferansı'nda yer alan Yunan delegasyonu... Oturan kişi dönemin Yunanistan Başbakanı Nikolaos Kalogeropoulos.

Fransa ile Ankara Antlaşması

Fransa, İtilaf Devletleri içinde ilginç bir unsurdu. Daha Çanakkale Muharebeleri döneminden başlayarak İngiltere ile aralarında münaferet çıkmıştı. Savaş boyunca Fransa kamuoyu İngiltere tarafından kullanıldıklarını ve Sevr Antlaşması'nın işlemeyeceğini düşünmekteydi. Ayrıca savaş sonunda Türk İmparatorluğu'nun elinden aldıkları işgal bölgelerinde masrafın ağırlaşması karşısında yeni bütçenin reddedilmesi söz konusuydu. Zira Fransa, Lübnan, Suriye, bugünkü Hatay gibi bölgelerde idari yatırımlara askerî amaçlı olsa da İngiltere'den daha fazla kaynak harcamıştı.

Bu şartlar altında Fransa Millî Mücadele döneminde Anadolu Hükûmeti'nin yanında değilse bile, tarafsız olmayı seçmiş ve nihayetinde de Ankara ile anlaşmayı tercih etmiştir. 20 Ekim 1921 tarihinde, Fransız Hükûmeti'nin Özel Temsilcisi Henry Franklin-Bouillon ve TBMM Hükûmeti'nin Dışişleri Bakanı Yusuf Kemal Bey (Tengirşenk) arasında imzalanan Ankara Antlaşması iki ülke arasındaki düşmanlıklara son vererek diplomatik ilişki kurulmasının önünü açmıştı. Franklin-Bouillon'un savaşın sonunda "kağnı kamyonu yendi" sözü; umumî direnişin inatla yapıldığını ve kazandığını ifade eden sözüdür. Ayrıca Türk millî davası ilk kez Batı devletlerinden biri (Fransa) tarafından tasdik ve deklare edilmiş oldu.

Mustafa Kemal Paşa ve Fransa adına Ankara Antlaşması'nı imzalayan Henry Franklin-Bouillon...

Sovyetler ile Moskova Antlaşması

Mustafa Kemal Paşa'nın emperyalist Batı'ya karşı Sovyetler Birliği'nin desteğini elde etmek istemesi, Türkiye'nin Sovyetler Birliği açısından önemi, Sovyetlerin Türkiye aracılığı ile İslam dünyası üzerinde siyasal ve ideolojik prestijlerini arttırabileceklerini düşünmeleri, Sovyet işgali altındaki bölgelerde yaşayan Türk nüfusun mukavemetinin kontrol altına alınması, Türkiye'nin emperyalist Batı ile Sovyetler arasında tampon oluşturma ihtimali vardı. Kâzım Karabekir Paşa'nın doğudaki başarılı savaş ve müdahalesi Sovyetler'de yeni Türkiye'nin gerekli bir müttefik olacağı inancını yarattı. V. I. Lenin'in de ifadesiyle "Kemal Paşa sosyalist değildi ama Batılı emperyalist devletlere karşı yararlı bir bağlaşıktı ve politikasında tutarlıydı." Moskova Antlaşması'nın 16 Mart 1921'de imzalanması ve içeriği, imzalanan antlaşma ile Doğu Cephesi'nin güvenceye alınması ve bu sayede bütün konsantrasyonun Batı cephesine verilmesi ise TBBM hükümeti için bir güvenceydi. Bu antlaşmadan sonra Sovyet yardımı da gerçekleşti ve beklenen nihai savaş için yararlı bir devlet olarak görüldü.

Yeni kurulan Rusya Federatif Sovyet Cumhuriyeti ile Ankara'daki kurucu hükûmetin bir araya gelmesi, birbirini desteklemesi Yakın Çağ'ın ve Yakın Doğu'nun kaçınılmaz olayı olmuştur. Zira her ikisi de İtilaf Devletleri'nin meydana getirdiği bir dünya ile karşı karşıyadır. Üstelik yeni Macaristan da Rusya'nın fiilen karşısında savaşamasa da böyle bir konumdaydı. Çekler, ki Rusya'ya sempati duyan bir memlekettir, Bolşeviklere karşı Beyaz askerlerin yanında yer almışlardır. Yine tabii olarak Sovyetlerden de Kızıl Ordu'ya katılanlar olmuştur.

Mustafa Kemal Paşa'nın kurduğu resmî komünist partisi ve sosyalizme karşı toleranslı tutumundan çok emperyalist Batı'ya karşı olması Sovyetler Birliği'nin desteğini elde etmiştir. Nitekim bu yaklaşım Sakarya Meydan Muharebesi'nden sonra fiiliyata döndü, Türkiye'ye daha fazla ilgi gösterildi, yardım yapıldı. Muhtemelen Sovyet topraklarından Müslüman milletlerin topladıkları iane de bu nedenle fazla bekletilmeden yardımlara ek olarak verilmiştir.

Sovyetlerin, İslam dünyası üzerinde siyasal ve ideolojik prestijlerini arttırabileceğini düşünmesi bu ilgiyi kuvvetlendirmektedir. Yeni Türkiye ve yeni Rusya'nın karşılıklı ilgisinin aşağı yukarı İkinci Dünya Savaşı'na kadar devam ettiği görülür. Ancak İkinci Dünya Savaşı'nda Stalin'in Tarafsızlık ve Saldırmazlık Paktı'nı imzalamakta gecikmesi ve Molotov-Ribbentrop Paktı'nın ortaya çıkması dolayısıyla Rusya ile ilişkiler kopmuştur. Savaşın sonunda ise Soğuk Savaş dönemine geçilince Türkiye de Batı Avrupa Bloku içinde yerini almıştır.

Gümrü ve ardından Moskova Antlaşması'nın 16 Mart 1921'de imzalanması, Doğu Cephesi'nin güvenceye alınması, bu sayede Batı Cephesi'ne yoğunlaşılması gibi hususlar üzerinde önemle durmalıyız. 16 Mart 1921'den sonraki gelişmeler; yani Sakarya Meydan Muharebesi'nin kazanılması bu paktı daha da kuvvetlendirmiştir. Moskova ile anlaşmaya giden heyetimiz orada aynı amaç için bulunan Afganlarla benzer bir diplomatik antlaşma yaptığı için Afganistan ile Türkiye birbirlerini tanıyan ilk antiemperyalist devletler olmuşlardır.

Mustafa Kemal Paşa, İsmet Paşa (İnönü), Ali İhsan Paşa (Sabis), Erkân-ı Harp Miralayı Asım Bey (Gündüz) bir ziyaret kapsamında Anadolu'ya gelen Sovyet Büyükelçi Aralov ve Azerbaycan elçisi Abilov ile beraber görülüyorlar. (Akşehir, 28 Mart 1922)

Düzenli Ordu

Düzenli ordunun kuruluşu tamamlanana kadar geçen süre Mustafa Kemal Paşa için en zorlu dönemdir. Zira düzenli ordu kurulmadan önce milis kuvvetler bir nitelik birliği göstermezler. Mesela Ege'de Demirci Efe'ninkiler daha çok klasik efe, seğmen takımına yakışır görünümdedir. Milis kuvvetler elbette ki Ankara'nın emirlerini dinlerler, bulundukları bölgede düşman istilasına karşı cesurca savaşırlar ancak düzenli ordunun aksine istenen etkiyi sağlamaktan uzaktırlar. Fakat yine de bu kuvvetlerin icraatı olumlu değerlendirilmek zorundadır.

Öte yandan millî ordunun düzenlenmesi öncesinde gerilla kuvvetlerinin yönetilmesi ve ordu kurulunca da bunların saf dışı edilmesi sancılı bir süreçle mümkün olmuştur. Dönemi içinde düzenli ordunun gösterdiği varlık, diplomatik uğraşlarla paralel gitmiştir. Yakın Türkiye tarihinin, İstiklâl Savaşı'nın büyük kumandanlarından Kâzım Karabekir Paşa'nın zaferleri, Bolşevik Rusya'nın TBMM tarafından kazanılması, İngiliz tarafından gayrimemnun Fransa'nın Sakarya Meydan Muharebesi'nden önce tarafsız kalması ve bilhassa İtalya'nın konumu önemlidir.

Mustafa Kemal Paşa Büyük Taarruz öncesinde yaptığı birlik ziyaretlerinden birinde Kocaeli Grubu Kumandanı Miralay Eyüplü Halit Bey (Deli Halit Paşa) ile beraber görülüyor. (İzmit, 18 Haziran 1922)

Millî Mücadele'de İç Ayaklanmalar

Kurtuluş Savaşı'nın ilk zamanlarında bölgesel isyanlar ortaya çıkmıştır. Düzenli ordunun kuruluşu tamamlanana kadar Mustafa Kemal Paşa için bu en zorlu dönemdir. İsyanlar Marmara Bölgesi'nden Düzce ve Hendek'e, oradan da Konya ve Yozgat'ı da kapsayacak bir genişliğe ulaşmıştır. Balkan Savaşı'nın ve uzun bir dünya savaşının Anadolu halkını askerlik ve harbten bezdirmiş olması sebebiyle bu tepki normal görülebilir. Hiç şüphesiz ki Saray'a ve Babıâli'ye sadakat kisvesi altında geçinen ve menfaatini karşı tarafla çatışmakta görenler, bu bezgin halkı kışkırtmaktan geri kalmamıştır. Yine işgal kuvvetlerine yanaşan ve bunu kullanarak Millî Mücadele'ye daha baştan direnenler de vardır. Ancak Anadolu halkının Birinci Dünya Savaşı'nı tamamlayan milletlerin içinde her şeye rağmen vatan savunmasına katılmakta daha istekli olduğu söylenebilir. Bununla beraber İstiklâl Savaşı bir iç savaş, kardeş savaşı olarak gelişme göstermek eğilimindeyken Millet Meclisi Hükûmeti'nin nizami orduyu teşkili ve İstanbul'dan gelen subayların katılmasıyla bu safha sona ermiştir.

Başta "Anzavur Ayaklanması" olmak üzere, Millî Mücadele döneminde vuku bulan iç ayaklanmalar TBMM Hükümeti'ni fazlasıyla zorlamıştı.

Çerkes Ethem

Ankara düzenli orduya geçince, otoriteye bağlanmak istemeyen milis çete liderlerinden Çerkes Ethem isyan etmiştir. Astsubaylıktan yetişme olan Çerkes Ethem Teşkilat-ı Mahsusa bünyesinde çalışmış, imparatorluğun Asya coğrafyasının muhtelif kısımlarını görmüş, insanları tanımış zeki bir kişilikti. İnsan tanımakta ve ikna etmekte mahirdi. Bu özelliğiyle âdeta bir kumandan vasfına sahipti. Harbiye'de okumuş ve üzerinde mütehakkim olan iki kardeşi vardır. Kardeşleri özellikle İsmet Paşa'ya çok karşıdır ve Ethem'i ona karşı menfi surette etkilemişlerdir. Bu durum Ethem'i Ankara'daki kumandanlarla karşı karşıya getirmiş ve sonunda onu nizami orduya katılmakta tereddüde ve bir nevi başkaldırmaya itmiştir. Dolayısıyla Ethem siyasi mücadele hayatında önemli işler başardığı halde, bilhassa ağabeylerinin bilinçsiz teşvikleriyle "ihanet" diyeceğimiz hareketlerin içine girmiştir. Sonuçta Millî Ordu ile girdiği mücadeleyi kaybederek Yunan ordusuna sığınmıştır. Bu hiç şüphesiz ki cezasız kalmayacak bir hareketti. Dolayısıyla bunun getireceği sonuçlara maruz kalmamak için uzunca bir mülteci hayatı yaşamış ve yurt dışında ölmüştür.

Mustafa Kemal Paşa, Çerkes Ethem ve arkadaşları ile beraber... (Haziran 1920)

İstiklâl Mahkemeleri

İstiklâl Mahkemeleri Millî Mücadele ve Cumhuriyet dönemlerinde faaliyet gösteren devrim mahkemeleridir. Genel anlamda ülkenin bağımsızlığına ve bütünlüğüne yönelmiş tehditleri ortadan kaldırmak amacıyla kurulan bu mahkemelerde TBMM tarafından görevlendirilmiş kişilere olağanüstü yargılama yetkileri vermiştir. Millî Mücadele döneminde mahkemelerin ana çalışma konusu asker kaçakları, bozguncular ve iş birlikçilerken, Cumhuriyet yıllarında isyanlar ve devrim karşıtlığıdır. Bilhassa 1926 İzmir suikastı davasında mahkeme heyeti tarafından mahkemeye çıkarılan kişilere çok sert davranılmış, yargılamalarda sert hükümler verilmiştir. Öyle ki Cumhuriyet devri İstiklâl Mahkemeleri'nde Millî Mücadele döneminin önde gelen isimleri bile yargılanabilmiştir. Mesela, Kâzım Karabekir Paşa bunlar arasındadır. Kendisini İsmet Paşa kurtarmıştır. Başka bir örnek ise Maliye Nazırı Cavit Bey'dir. Malumatı parlak, dünyaya açık ve her düşündüğünü söylemekten çekinmeyen bir kişi olan Cavit Bey Mustafa Kemal Paşa'ya suikast davasında yargılanmıştır. Cavit Bey, geçmişteki devlet hizmetlerine ve suikast hazırlıklarının içerisinde olmamasına rağmen suçlu bulunarak idam edilebilmiştir. Bu yönüyle İstiklâl Mahkemeleri'nin usul vs. bakımından vahim kararlar verdiği söylenebilir. İstiklâl Mahkemeleri'nin faaliyetlerini savaş sırasında ve sonunda olmak üzere iki ayrı safhayla ele almak gerekir.

"İstiklal Mahkemeleri" denice akla gelen ilk mahkeme olan "Üç Ali'ler Divanı"nın üyelerinin de bulunduğu bir fotoğraf. Soldan sağa: Kılıç Ali, Kel Ali (Çetinkaya), Necip Ali (Küçüka), Reşit Galip.

Doğu Cephesi ve Kâzım Karabekir

1917 Ekim Devrimi'nden sonra Rusya'nın savaştan çekilmesi Millî Mücadele açısından da ziyadesiyle önemli bir gelişme olacaktır. Bu sayede Doğu Anadolu'da tehdit olarak sadece Ermeni çeteleri kalmıştır. Kısa zaman sonra Doğu Cephesi'nde art arda askerî başarılar kazanılmıştı. Bunu siyasi başarılar izledi ve 16 Mart 1921'de Moskova, 13 Ekim 1921'de Kars Antlaşması'yla Doğu Cephesi teminat altına alındı. Bahsi geçen başarılar bize büyük bir moral verecek ve daha da önemlisi Batı Cephesi'ne odaklanmamızı sağlayacaktı.

Doğu Cephesi'ndeki karışıklıkları yatıştıran ve sınırlarımızı berkiten antlaşmalar hiç şüphesiz ki Kâzım Karabekir Paşa ve onun başında bulunduğu 15'inci Kolordu sayesinde kazanılmıştı. Yine Karabekir Paşa bu dönemde Kurtuluş Savaşımızı başlatan Mustafa Kemal Paşa'nın baş destekçisi olmuştur. Erzurum Kongresi öncesi tutuklanması emri gelen ve artık müstafi bir asker olan Mustafa Kemal Paşa'ya bizzat giderek, "Paşam, ben ve kolordum emrinizdeyiz" demesi Türk direniş tarihinin dönüm noktasıdır, denebilir.

Doğu Cephesi'nin
muzaffer kumandanı Kâzım
Karabekir Paşa...

Birinci İnönü Muharebesi

İnönü Muharebeleri düzenli ordu ve Millet Meclisi Hükûmeti'ne bağlı kuvvetlerin bir hareketidir, bir gösteridir. Nihai zafer değildir, nihai bir muharebe de değildir. Ancak Ocak ve Mart aylarının zor iklim şartlarında yapılan İnönü Muharebeleri'nin moral ve motivasyon açısından çok ciddi katkıları vardır. Savaşın olabileceğini ve devam edeceğini göstermesi bakımından önemli olup başarılı savunma savaşlarıdır. Nitekim diplomasiye yansıyan önemli sonuçları da olmuştur.

Bu anlamda Yunan ordularının üçüncü toplu askerî hareketi olan Birinci İnönü Muharebesi Ocak 1921'de yaşanmış ve Türk kuvvetlerinin galebesiyle sonuçlanmıştır. Muharebe sonunda düşman saldırıya başladığı hatta ricat etmiştir. Aynı zamanda güneyde Çerkes Ethem kuvvetlerinin de bu şekilde sahneden çekildiği anlaşılmaktadır. Çünkü yeni katıldıkları Yunan ordusu içinde fazla savaşma imkânları kalmamıştı. Bununla beraber Birinci İnönü Muharebesi'ndeki başarı memleketteki maneviyatı yükseltti ve millî savunma meselemizin oturduğu anlaşıldı. Meclis Hükûmeti'nin ve bizatihi meclisin de morali yine aynı şekilde yükseldi.

Mustafa Kemal Paşa Birinci İnönü Muharebesi'nden kısa süre önce yaptığı cephe ziyaretlerinden birinde silah arkadaşları bile birlikte... Soldan sağa: Dadaylı Halit Bey, Salih Bey (Bozok), Tevfik Bey (Bıyıklıoğlu), Mustafa Kemal Paşa, Özel Kalem Müdürü Hayati Bey ve Ayıcı Arif Bey. (Eskişehir, 4 Aralık 1920)

İkinci İnönü Muharebesi

İnönü Muharebeleri'nin stratejik olarak düşmanı ne derecede durdurduğu tartışması sonradan çıktı. Fakat Birinci İnönü'de ilk defa nizami ordunun direnişi söz konusudur. Orada ne kadar muvaffak oldu, olmadı halen tartışılmaktadır. Oysa bu ilerlemeyi durdurma çabasının sonunda biliyoruz ki yine gerileme düzenli bir şekilde devam etti. Bu Türk tarihinde ilktir, tektir. Zira 1920 Anadolusu'nda ilk defa düzgün bir çekilme söz konusudur. Bu tam Roma imparatorluk lejyonlarının *recedere*'sidir (geri çekilme düzeni). Balkan Savaşı'nda yapamadığımız taktiği daha sonra uyguladık.

23 Nisan – 1 Mart 1921 tarihleri arasında vuku bulan İkinci İnönü Muharebesi'nde ise düşman saldırısının kırılmasını müteakiben yapılan karşı taarruzda Yunan orduları çok sayıda askerini de kaybetmiştir. Bunun sonucunda Mustafa Kemal Paşa İsmet Paşa'ya hitaben "Siz orada yalnız düşmanı değil milletin makus talihini de yendiniz. İstila altındaki topraklarımızla beraber bütün vatan, bugün en ücra köşelerine kadar zaferinizi kutluyor" şeklindeki ünlü mesajını yazmıştır.

Mustafa Kemal Paşa ve İsmet Paşa Büyük Taarruz öncesinde Batı Cephesi birliklerini denetlemesinde... Arkalarında Sovyet Büyükelçi Aralov ve Azerbaycan temsilcisi Abilov da görülmekteler. (Çay – Afyonkarahisar, 30 Mart 1922)

Kütahya-Eskişehir Muharebeleri

Sakarya Meydan Muharebesi öncesindeki çatışmalar TBMM ordularının Kütahya-Eskişehir hattında yenilgisiyle sonuçlandı. Burada ilginç bir strateji uygulandı. İlk defadır ki "mevzii" yenilgi, bozguna dönüşmeden, düzenli bir ricata dönüştürüldü. Türk ordularının bu dönemdeki yeni bir stratejisidir. Her birlik, yanındakiyle hareket etse de kendi mevziini savunmakla mükelleftir. Bu taktik sonuna kadar izlenecektir. Yanındaki birlik çekilse de ona uyulmayacak, direnişe devam edilecek ve dolayısıyla bütün askerî teknik kuralların üstünde bir vatan müdafaası, "Hattı müdafaa yoktur, sathı müdafaa vardır; o satıh, bütün vatandır" anlayışıyla savaşa devam edilecektir.

Öte yandan Ankara'nın yakınlarına kadar çekilen ordu, TBMM'de bir muhalefetle karşılaştı. Mustafa Kemal Paşa'nın kumandan ve siyasi kişiliği bu noktada galip geldi ve Meclis'ten tam yetkiyi aldı. Tekâlif-i Milliye emirleri yayınlandı ve tatbik edildi. Bir ara o kadar karamsar bir hava oluşmuştu ki, Meclis'in Kayseri'ye taşınması ihtimali dahi dile getirilmişti.

Başkumandanlık Kanunu

Millî Mücadele sırasında, Kütahya-Eskişehir Muharebeleri'nde, ordumuz geri çekilmek zorunda kaldı. Sakarya Irmağı'nın doğusuna kadar çekildi. Başkent Ankara tehdit altındaydı ve Eskişehir başta olmak üzere pek çok yer Yunanlar tarafından işgal edildi. Büyük bir moral bozukluğu oluşmuştu. İşte o süreçte Meclis'te sert tartışmalar yaşanıyor. Özellikle muhalif milletvekilleri Mustafa Kemal Paşa'nın ordunun başına geçmesini istiyorlar. Bir sorumlu arıyorlar. Bunun üzerine Mustafa Kemal Paşa başkumandanlık teklifini kabul etmiştir. Ancak bazı şartları olduğunu da söylemiştir. Bunun üzerine Başkumandanlık Kanunu çıkarılmış ve 5 Ağustos 1921'de Mustafa Kemal Paşa'ya başkumandan yetkisi verilmiştir. Bunlar olağanüstü yetkilerdir. Bu kanun daha sonra üçer ay süreyle uzatılacaktır. Ancak başkumandan yetkisini alan Mustafa Kemal Paşa önce Sakarya Meydan Muharebesi'nde düşmanı mağlup etmiş, ardından da Başkumandan Meydan Muharebesi ile birlikte Yunan birlikleri ülkemizden atılmıştır. Bu sayede kurtuluş gerçekleşiyor. Şu bir gerçek ki, eğer Mustafa Kemal Paşa vaziyete kanunun verdiği iktidarla hâkim olamasaydı 30 Ağustos Zaferi de olmazdı.

Sakarya Meydan Muharebesi öncesinde TBMM'den Başkumandan yetkisini alan Mustafa Kemal Paşa bu muharebeden sonra yine TBMM tarafından "mareşal" ünvanı alacak ve üniformasına mareşallik alametini gösteren spoletleri takacaktı.

Tekâlif-i Milliye Emirleri

Tekâlif-i Milliye, "Millî Yükümlülükler" manasındadır. Millî Mücadele'nin kritik duraklarından birisidir. Zira Kütahya-Eskişehir Muharebeleri'nde kaybetmiş ve geri çekilmiştik. Belki de son kurşunumuzu atacağımız Sakarya Meydan Muharebesi öncesinde ordunun ihtiyaçlarını karşılamak ve muharebeye hazırlanmak için Başkomutan Mustafa Kemal Paşa'nın, Başkumandanlık Kanunu ile kendisine verilen yetkisini kullanarak 7 Ağustos 1921'de yayımladığı on maddelik emirlerdir. Tekâlif-i Milliye Komisyonları kurulmuş ve halktan birtakım isteklerde bulunulmuştur. Böylelikle cephede savaşan ordunun iaşesi (beslenmesi), giydirilmesi, bir yerden bir yere nakli, savaş için gerekli silah ve teçhizatın temin ve tamiri gibi hususların en kısa sürede yerine getirilmesi amaçlanmıştır. Bununla beraber, el konan malzemenin parasının daha sonra ödeneceği de duyurulmuştur. Halk ise kendisinden beklenen fedakârlıkları fazlasıyla yerine getirmiştir. Sonuçta savaşın sürdürülmesi için gereken kaynak sağlanmış ve önce Sakarya Meydan Muharebesi, ardından da Başkumandan Meydan Muharebesi kazanılarak Millî Mücadele'nin zaferle sonuçlanması mümkün olmuştur.

Türk milleti Tekâlif-i Milliye Emirleri kapsamında kendisinden beklenen fedakârlıkları fazlasıyla yerine getirmişti.

Sakarya Meydan Muharebesi

Kütahya-Eskişehir yenilgisinden sonra, bütün birlikler yeni ricat düzeniyle Sakarya Nehri'nin doğusuna çekilmişti. Yunan ilerlemesinin burada karşılanması uygun görüldü. Sakarya Meydan Muharebesi'ndeki strateji, daha gevşek olan Yunan güney hattına gizlice yönelmekten ve kuvvetleri süratle yığmaktan geçiyordu. 23 Ağustos ile 13 Eylül arası, yani 22 gün 22 gece süren savaş 900 yıllık Türkiye tarihi açısından en kanlı ve en inatçı direnişti. 100 kilometre genişliğindeki cephede atılan topların sedası yer yer Ankara'dan bile duyuluyordu. Ancak TBMM ordusunun sayıca tek üstünlüğü olan süvari kuvvetlerinin süratli ve ani hareketi çok kısa sürede Yunanların gerilemelerine neden oldu. 11. ve 12. yüzyıllardaki fatihlerin torunları ana yurdu savunmayı da bilmişti. Mühimmat ve teçhizat sıkıntısı içindeki Meclis Hükûmeti bu zaferle kendine geldi. İstanbul Hükûmeti'nin azletmeye çalıştığı ve hakkında idam fetvası verdiği Mustafa Kemal Paşa, muzaffer ve güçlü kumandan olarak Türkiye Büyük Millet Meclisi'nden "Gazi" unvanını ve "Müşir" (Mareşal) rütbesini aldı.

Mustafa Kemal Paşa yaveri Salih Bozok ile beraber Sakarya Meydan Muharebesi'nde Zafer Tepe'den Dua Tepe'de cereyan eden muharebeleri takip ederken... (Polatlı, 9 Eylül 1921)

Mareşal ve Gazi Unvanlarının Verilmesi

Çok kritik bir dönüm noktası olan Sakarya Meydan Muharebesi'ndeki strateji, daha gevşek olan Yunan güney hattına gizlice yönelmekten ve kuvvetleri süratle yığmaktan geçiyordu. Türk ordusunun sayıca yegâne üstünlüğü olan süvari kuvvetlerinin süratli ve ani hareketiyle, iki tarafın inatçı savaşı çok kısa sürede Yunanların gerilemelerine neden oldu, ama bu gerilemenin Eskişehir'in ötesinde Afyon hattında durduğu da bir gerçektir. Ordunun donatımı başlamıştı. Sakarya Muharebesi'nde ve öncesinde önemli sıkıntılar yaşayan Meclis Hükûmeti için bu zafer çok değerliydi. Bu zaferin ardından hakkında İstanbul Hükûmeti tarafından idam fetvası verilen Mustafa Kemal Paşa'ya Meclis tarafından "Gazi" unvanı ve "Müşir" (Mareşal) rütbesi verildi. Mustafa Kemal Paşa kendisine verilen bu unvanları "askerlik hayatının en büyük gurur kaynağı olarak taşıyacağını" belirtmiştir ve öyle de olmuştur. Bilhassa kendisinden "Gazi" diye bahsedilmesinden büyük bir onur ve mutluluk duymuştur.

Mustafa Kemal Paşa "mareşal" üniformasını Cumhuriyet döneminde de giymişti....

Büyük Taarruz ve Başkumandan Meydan Muharebesi

Büyük Taarruz öncesinde uzun bir hazırlık devresi vardır. Ankara Hükûmeti büyük bir sabır ve sert kanunlarla savunma tedbirleri almış ve yeni bir bütçe uygulamıştır. Yapılan taarruz gerçekten iyi hazırlanmış bir planın ürünüdür. Karşıdaki ordunun ne yapacağı tahmin edildiğinden savaş tam anlamıyla bir kurmaylar muharebesi şeklinde gelişmiştir. O planı yapanların içinde sadece bir kumandan, bir görüş yoktur, bir sürü görüş vardı. Onların muhassalası söz konusudur. O muhassalayı yapan adam ise büyük mareşal ve başkomutan Gazi Mustafa Kemal Paşa'dır. Büyük Taarruz başlamadan evvel kurmaylar planlamayı yaparken, Gazi Mustafa Kemal'in planına hemen herkesin itiraz ettiği, "Bu çok iddialı, bunu gerçekleştiremeyiz" dediği, Gazi'nin ise "Ya bunu gerçekleştiririz ya da gerçekleştiremezsek zaten bittik" dediği malûmdur. Taarruz öncesinde dış dünyada Türklerin müstahkem mevkileri bertaraf edeceğine inanılmıyordu fakat düşman tarafın ve İtilaf Devletleri otoritelerinin beklemedikleri aniden gerçekleştirildi.

26 Ağustos günü erken saatte başlayan top atışını arkadan bir hücum ve ilk aşamada güneyde, Çal köyünde Yunan tümenlerinin önemli kısmının çembere alınması ve kuzeyde Eskişehir mıntıkasındaki Yunan işgal kuvvetlerine hücum izledi. Savaş ani saldırıyla başlamıştı ve öyle devam etti. Aslında başarılı bir asker olarak tanınan Yunan Ordusu Başkumandanı General Trikopis 2 Eylül'de esir alındı ve öncü kıt'alar İzmir'e dayandılar. 9 Eylül'de ise Gazi Mustafa Kemal Paşa ve diğer kıt'alar İzmir'e törenle girdi.

1526'nın 29 Ağustosu'ndaki Mohaç zaferi Avrupa tarihinin değiştiği bir olay, Türklerin imparatorluğunun zirve noktası olarak kabul edilebilir. Yaklaşık 400 yıl sonra, 30 Ağustos 1922'deki Dumlupınar Başkumandanlık Meydan Muharebesi'nde kazanılan zaferse, Türklerin Küçük Asya'daki anavatanlarını savunmalarının zaferidir ve beklenen bir zaferdir. Hatta şunu da ifade edebiliriz; 26 Ağustos 1071 Türklerin Anadolu'ya giriş tarihidir; 26 Ağustos 1922 ise Anadolu'dan asla çıkmayacağımızın belgesidir. Zaten çıkamayacak durumda olduğumuz da açıktır.

Türk Ordusunun İzmir'e Girişi

30 Ağustos bozgunundan beri Batı Anadolu, Yunan ordusundan ve yerli Rumlardan boşalıyordu. Şehirde kıtlık vardı. Güvenlik hiç kalmamıştı, üç yıl üç aylık işgalin sona ereceği belliydi. Sonuç hazindi. İzmir'in istirdadında yerli Rum nüfus büyük zarar gördü, yerlerini terk etmek zorunda kaldılar. Şehrin uğradığı büyük yangının nedenleri hâlâ tartışılmaktadır. İşgal boyunca Helen nüfus ve Yunan işgal ordusuyla ilişkisi olan Ermeni cemaati büyük bir kayba uğradılar. Yerli Türkler ve Türk idarecilerle hareket eden Yahudi cemaati ise İzmir'in yerli Müslüman nüfusuyla eskisi gibi iyi geçindi. Bu uyum sonra da devam etti.

1922'nin Türkiye'si gerçekçi bir kumanda heyetiyle ulaşması gereken noktaya gelmişti. Başkumandan Meydan Muharebesi'ndeki süratli hareket emri, aynı zamanda Türkiye Cumhuriyeti'nin doğal sınırlarının Akdeniz olması üzerinde yoğunlaşıyordu. Ordulara yönelik "İlk hedefiniz Akdeniz'dir" emri, işte bu konuyla ilgili kesin bir emirdir ve meydan savaşının kazanılmasından dokuz gün sonra ordular İzmir'e bu emirle girmişlerdir.

Asker kökenli bir ressam olan Ahmet Ziya Akbulut'un günümüzde Atatürk ve Kurtuluş Savaşı Müzesi'nde sergilenen "Türk Ordusunun İzmir'e Girişi" adlı ünlü tablosu...

İstanbul'un Kurtuluşu

İzmir ve Batı Anadolu Yunan işgalinden kurtarılmıştı; lakin İstanbul'daki işgal sürüyordu. Yine şu bir gerçek ki, İstanbul Batılı istilacılar tarafından ikinci kez işgal edilmişti. İlki 1204-1261 tarihleri arasında Bizans'taki Latin Haçlı işgalidir. İkincisi ise Mütareke dönemiydi ve deyim yerindeyse Fatih Sultan Mehmed'ten sonra, bu defa Mustafa Kemal Paşa'nın Türk ordusu şehri yeniden fethedecekti.

Bu şartlar altında Mudanya'da İtilaf Devletleri'yle yapılan görüşmeler sonunda mütareke imzalandı. Mudanya Mütarekesi'nden sonra İstanbul'a ilk birlikler 19 Ekim 1922'de Refet Paşa'nın, ardından da 6 Ekim 1923'te Şükrü Naili Paşa'nın kumandasında girdiler. Aynı gün Mütareke döneminin meşum politikacısı Damat Ferid sığındığı Fransa'da öldü. Belki de Anadolu'ya katılamayanların dahi zaman zaman çatışmaya düştükleri insan, asıl mülteciler muhitinde uğrayacağı aşağılanma ve suçlamadan bu şekilde kurtulmuştu. Bir hafta sonra Ankara'nın başkent olduğu ilan edildi. Böylelikle İstanbul, Mudanya Mütarekesi'nden beri yaşadığı kurtuluş havasından sonra Türk tarihinin yeni bir safhasına geçişi gözlüyordu.

Selahattin Adil Paşa İstanbul'daki işgal kuvvetlerini yolcu ediyor.

Diğer Komutanlardan Farkı

Millî Mücadele dönemi öncesinde vatansever, yetenekli ve mücadele taraftarı tek kumandan elbette ki Mustafa Kemal Paşa değildi. Bu mücadelede ona yardımcı olan kumandanlar vardı. Ancak onu diğerlerinden ayıran en önemli farklılığı tabii ki dehasıdır. Askerî alanda olduğu kadar siyasi alanda da gerçek bir deha sahibiydi. En akıllı, önde gelen askerlerimiz bile "Bursa'yı, Antalya'yı, İzmir'i kurtarmakla uğraşmayın, olacak şey değil, tükeniriz, elimizdekini de kaçırırız" diyorlardı. Şimdilik (bu ne kadar sürecek belirsizdi) "Anadolu ve Doğu Anadolu" ile yetinelim düşüncesindeydiler. Ancak Atatürk'ün kafasındaki geleceğe ait savaş hedefi çok daha farklı ve doğru olanıydı. Misak-ı Millî sınırlarını gerçekçi kriterlere dayandırmış ve nerede ileri gidip nerede duracağını çok iyi bilmiştir. Atatürk olmasaydı ne olurdu sorusunun cevabı da işte burada saklıdır. Belki yine bir Türkiye olurdu ama sınırları dar bir Türkiye ve asıl önemlisi Marmara ve Ege'nin olmadığı bir Türkiye...

Başkumandan Mustafa Kemal Paşa 26 Ağustos 1922 sabahı Kocatepe'de...

Lozan Barış Antlaşması (1)

Lozan Barış Antlaşması, Türkiye Devleti'nin hem sınırları, hem müesseseleri, hem de hayatı bakımından kuruluşunu tayin eden çok önemli bir antlaşmadır. Bu çok ilginç bir noktadır; bundan dolayı Lozan için bütün bir Cumhuriyet dönemi bürokrasisi ve politikacıları "Cumhuriyet'in temel antlaşması, hatta temelidir" derler. Zira bu antlaşmayla yeni Türkiye hukukunu kabul ettirmiştir.

Birinci Dünya Savaşı'nın yenik devletleri arasında kendine dikte edilen Sevr'i kabul etmeyen -aslında bunu Osmanlı Hükûmeti de kabul etmemiştir, çünkü meclis yoktu- Anadolu Hükûmeti kendi şartlarını dikte ederek kabul ettirmiş ve büyük bir uzlaşma sağlamıştır. Meclis Hükûmeti 1923'te ilk Lozan oturumunu reddetmiştir. Curzon ve İsmet Paşa arasındaki münakaşa da ilginçtir. Bu dönemde ikisinin arasındaki en önemli atışma, Curzon'un bazen Mondros Mütarekesi'ne atıfta bulunmasından ileri gelmiştir. İsmet Paşa da "Ben buraya Mudanya'dan geldim" diyerek cevap verir.

Türk heyeti Lozan'daki görüşmelerin başlamasından kısa süre önce toplu halde görülüyorlar... Heyete İsmet Paşa başkanlık ederken Rıza Nur, Hasan Saka, Celal Bayar, Tevfik Bıyıklıoğlu, Yusuf Hikmet Bayur, Ruşen Eşref Ünaydın, Yahya Kemal Beyatlı gibi tanınmış isimler de bu heyetin içerisinde yer alıyorlardı.

Lozan Barış Antlaşması (2)

Hiç şüphesiz Lozan Konferansı'nın bu ilk döneminde en mühim mesele, sanıldığının aksine, sınırların tespiti keyfiyeti değildir. Çünkü burada Türkiye ile Yunanistan arasındaki sınır sorunları çözümlenmiş, hatta esas itibariyle kabul edilmişti. Lozan'da asıl kavga Türkiye'nin imparatorluktan miras aldığı çetin bir problemdi; kapitülasyonlar, yani adli, mali müesseselerde yabancıların hukukunu ve mahkemelerini tanımak zorunda olmaya son vermekti. II. Meşrutiyet'ten beri yeni Türk kuşaklarının kabul edemediği bir durumdu. Bu mevzulara gelindiğinde sorun bir türlü çözülemedi ve büyük bir çatışma ile İsmet Paşa başkanlığındaki delegasyonumuz Lozan'ı terk etti. 23 Nisan 1923'te ise yeniden konferans masasına oturuldu. Görüşmeler neticesinde 24 Temmuz 1923'te bir antlaşma imzalandı. Türk delegasyonu "olmazsa olmaz" olarak ileri sürdüğü konularda istediklerini aldı. Hatay, Musul, Boğazlar gibi konuların çözümleri ise daha sonraya bırakılacaktı.

Türk heyetinin başkanı İsmet Paşa Lozan'da Osmanlı Devleti'ni tasfiye eden ve bağımsız Türkiye Cumhuriyeti'ni kurulmasına zemin hazırlayan antlaşmayı imzalıyor...

Cumhuriyet'in Kurulması

Cumhuriyet devamlılıktır. Osmanlı, Türklerin imparatorluğuydu, bu da Türklerin cumhuriyetidir. Türkiye Cumhuriyeti'nin hiçbir yerde örneği yoktur. Türkiye Cumhuriyeti kuruluş itibariyle, belirli bir otoriter yapıyla belirli kabiliyetteki dar grubun teşkilatlandırdığı bir tarz-ı idaredir. Birinci Dünya Savaşı'ndaki mağlubiyetten sonra Cumhuriyet'i kuran hareket bir direniş gösterdi ve konumunu hak etti. Oysa mağlub olan devletlerden hiçbiri böyle bir direniş gösterememişti. O ülkeler galiplerin dayattığı antlaşmaları kabul ettiler ama Türkiye direndi. Bu memleket kendi isteklerinde diretti ve o direnişi örgütleyip kumandayı elinde tutanlar Cumhuriyet rejimine geçti. Mustafa Kemal ve arkadaşları, "Türkiye Devleti'nin şekl-i hükûmeti cumhuriyettir. Cumhur reisi devletin reisidir ve TBMM azaları arasından seçilir" diyerek yönetim şeklini ifade etmişlerdir.

Cumhuriyet bugün oturmuş bir rejimdir ama bugün itibariyle mahiyetine karşı olanlar var. Üstelik içeride birtakım gruplar ve dışarıda da herkes Türkiye'nin dostu değildi ve Türkiye'nin huzurunu bozmaktaydılar. Türkiye Büyük Millet Meclisi artık halef bir devlet olarak bunun üstesinden gelecektir.

Mustafa Kemal Paşa ve Türkiye Cumhuriyeti'nin kurucu kadrosu resmî bir tören esnasında...

“Türkiye” Adının Seçilmesi

Adımıza “Ottoman” denmesi çok resmî platformdadır ve 19. yüzyıla has bir kullanımdır. Kimliğe her zaman “Türk” denmiştir. “Ottoman” eski devirlerde genişçe kullanılmaz. “Turc” her dönem geçerli bir kimlikti. Devletin, Selçuklu Türkiyesi’nin adını, hep tekrarlarız; 12.-13. yüzyıllarda İtalyanlar koydu (Turchia veya Turcmenia gibi). Fakat Türk ismi sürer gider.

Gelibolu Cephesi’ni, Kafkas Cephesi’ni, Süveyş’i, Kûtü’l Amâre’yi ve Galiçya’yı yaşayan nesle kimse Türklükten başka bir kimliği kabul ettiremez. Ottoman diye bir kimlik kabul etmezler. Bu kumandanlar Harb Okulu eğitimi almış, yabancı dil biliyorlar, dış dünyayı tanıyorlar, ataşemiliterler, her devletten meslektaşları ile görüşüyorlar. Herkesin ne kadar milliyetçi olduğunu görüyorlar. Zaten milliyetçilik dışarıda öğrenilir, içeride öğrenilmez. Türkiye’de çeşitli etnik gruplar, bilhassa Müslümanlığın şemsiyesi altında kendini Türk diye ortaya koyar. Türkiye’nin Türklüğü budur, 1924 Anayasası’nın Türklüğü budur. Anlaşılan “Türkiye” tabiri, 1920 Meclisi’ndeki Türklüğün anlamı da odur.

Millî Mücadele döneminin başkumandanı ve "Türkiye" Cumhuriyeti'nin kurucusu Büyük Gazi TBMM balkonunda halkı selamlıyor...

Nasıl Bir Türkiye Tablosu Vardı?

Büyük zafer sonrasında, "asıl savaş şimdi başlıyor" denirken haklılardı çünkü 1933'te, 1912-22 arasındaki savaşların faturası olarak, 15 milyonu bulan Türkiye nüfusunun yaklaşık 1 milyonu doğuştan veya savaş dolayısıyla malûl veya sakattı. Yine 1917'de ordu sağlık bürosunun yaptığı bir araştırmaya göre, halkın %14'ü sıtmalı, %9'u frengiliydi. Köylülerin %72'si bitli olup, her an tifüse yakalanabilecek durumdaydı. Büyük Önder ve arkadaşları bunların savaşını da vermişlerdir.

Atatürk ülkeyi muasır medeniyetler seviyesine çıkaracak adımları atarken Cumhuriyet'ten evvel filizlenen yenilikçi modernleşme hareketlerini de yönlendirmeyi, kanunlaştırmayı, sistemleştirmeyi başardı. Bu sayede Doğu'da ilk defa Müslüman bir ülke kendini, ordusunu ve teknolojisini değiştirdi. Mesela, kadının toplum hayatındaki yerini, üstelik birçok Batı toplumundan önce kadınlara seçme-seçilme hakkı vererek sağlamlaştırmış olması, Cumhuriyet'in en önemli kazanımlarından biridir. Tıpkı maarifte, sağlıkta ve hukukta elde edilen diğer önemli kazanımlar gibi...

Millî Mücadele sonrasında, "asıl savaş şimdi başlıyor" diyen Atatürk'ün en çok önem verdiği konu halkın genelinde okuma-yazma düzeyinin yükseltilmesiydi. "Millet Mektepleri" uygulaması ise bu düşüncenin bir tezahürüydü.

Saltanatın Kaldırılması

Zaferler yeni yapılanmaları getirir. İzmir'e girildi, Padişah VI. Mehmed Vahideddin saltanatın sonunun geldiğini anlamıştı. 30 Ekim 1922 tarihli meclis kararı, "Osmanlı saltanatının inkırazı ve Türkiye Büyük Millet Meclisi Hükûmeti'nin teşekkül ettiğine dair Heyet-i Umumiye kararı" başlığı ile geçti. 1 Kasım 1922'de ise TBMM saltanatı resmen ilga etti. Saltanat ilga edildikten sonra VI. Mehmed Vahideddin kendisinin halife seçilmesini beklemedi! Son padişah hakikaten hazineden hiçbir şey almadan -ki Avrupa bankalarında da parası yoktu ve buna rağmen yapacağı bir şey de yoktu- İngilizlerin *Malaya* zırhlısıyla Avrupa'ya sığınmak zorunda kaldı. Sıkıntılı kısa bir dönem sonra da vefat etti.

Saltanatın kaldırılmasına karşı olanlar vardı kuşkusuz. Osmanoğulları hanedanı altı asırlık bir monarşiyi yaşadı. Türkler monarşist değildir; ki gerçekten monarşist partimiz olmadı ve bugün de yoktur, ama Türkler monarklarını severler. Eğer saltanat kaldırılmasaydı; muhtemelen bir süre devam eder ve bütün kurumlar gibi söner giderdi.

Son padişah VI. Mehmed Vahideddin İstanbul'u terk ettikten hemen sonra Malta'ya ayak basarken görülüyor.

Hilafetin İlgası

Siyasi iktidara sahip olmayan ve iktidar araçlarını kullanamayan bir halifenin durumu, 1924 yılından çok önce tartışılmaya başlanmıştı. Öyle ki 23 Nisan 1920'de TBMM Ankara'da toplandığı anda hilafetin ve saltanatın mahiyet değiştireceği hissediliyordu. Ancak hilafet kurumu birçok mebusun zihinlerinde ve gönüllerinde saltanatla aynı şekilde mütalaa edilmiyordu. Adliye Vekili Seyit Bey ilk önce hilafet makamının ve devletin ayrı var olabileceğine dair bir mütalaa verdi ve bu basıldı. İki yıl içinde aynı başlıkla kaleme aldığı ikinci eserde ise hilafetle saltanatın ayrı ayrı var olamayacağını, ayrılamayacağını ileri sürüyordu. Bu hilafet makamının lağvına hazırlıktı. İç ve dış dünyada ise hilafet üzerindeki görüş ve çıkışlar farklıydı. Zamanla onlar da değişti. Şehzade Abdülmecid Efendi TBMM Hükûmeti'ne ve Anadolu Hareketi'ne karşı sempatisi olan bir üyeydi ve halife seçilmişti. Maalesef bu konumunu muhafaza edemedi. Anadolu ile olan ilişkilerindeki hassas dengeleri koruyamadı. Sonunda 24 Mart 1924'te hilafet ilga edilerek hanedanın üyeleri yurt dışına çıkarıldı. Hilafetin kaldırılmasıyla biten bu dönem, Millî Mücadele'yi yürüten kadrolar arasında bile görüş ayrılıklarına, gerilime ve hatta yurt dışına ilticalara neden oldu. Ne var ki hilafet kurumu zaten 20. yüzyılla birlikte işlevini ve etkisini yitirdiği için kaldırılması Cumhuriyet'in iç ve dış politikasını önemli bir şekilde etkilemedi. Türkiye kısa sürede bir yurttaş toplumuna dönüşmekte mesafe aldı.

Son halife
Abdülmecid Efendi.

Laikliğin Benimsenmesi

3 Mart 1924, tarihimizde en önemli dönüşümü ifade eder. Türkler eski devlet geleneği olan bir toplumdur ve devlet hep hükümdarlıkla aynileşmiştir. Henüz son padişahın (VI. Mehmed Vahideddin) tahttan feragat edip yurtdışına çıkması ve saltanatın ilgası üzerinden 2 yıl bile geçmiş değildir; Cumhuriyet'in ilanı dört ay önceydi. Nitekim 1924 Teşkilat-ı Esasiye kanununun üçüncü maddesindeki "Devletin dini Din-i İslam'dır" ibaresi 10 Nisan 1928'de İsmet (İnönü) ve 120 milletvekilinin imzaladığı bir kanun teklifi ile çıkarıldı, yerine yeni bir hüküm konmadı. Türkiye, Tevhid-i Tedrisat ve Hukuk devrimiyle Osmanlı'nın son asrının yarattığı ikilik de ortadan kaldırıldı. Ve Türkiye Cumhuriyeti Anayasası'na 1928 yılında laiklik girdi. Yeni kurumların eskiden var olanlarla çatışmasının da önüne geçilmek istendi. Yine laikliğin kabul edilmesiyle birlikte artık Türkiye hukuku ve yaşayışıyla Batı dünyasının müesseselerini kabul etme durumuna gelmiştir.

Dünyada dini yorum ve görüş ile üniversal birey özgürlükleri ve laik yaşam dengesini kuran toplum yok denecek azdır. Her yerde bir gerilim vardır. Dinlere ve toplumsal örgüye göre bu gerilimin rengi ve derecesi farklıdır ve sorunlar da devam ediyor. Mesela komünist safhadan geçen Müslüman ülkelerde dahi karşı görüş keskin hatlarla muhalefete geçebilmektedir.

Diğer taraftan toplumumuzda laiklik bilime, anlayışa, yeni gelişmelere, cemiyetin içtimai gereklerine göre ayarlanır. Bunun örneği ne Batı'da ne de Doğu'da vardır. Bu Türkiye Cumhuriyeti'nin kendi götürdüğü, kendisinin öncü olduğu bir harekettir. Bu anlamda yaptığımız hukuk devrimi bir ihtiyaçtır. Din ve devlet konusunda benzer bir toplum yapısına sahip olan İsrail'de de iki dünya arasında bu gerilim sürüyor. Sorun hukuki ve tarihi yazımın anlaşılması ve benimsenmesi, tutarsız taleplerin reddedilmesiyle çözülür.

Atatürk İlkeleri

Atatürk İlkeleri, yeni Türk Devleti'nin temel prensiplerini ifade eden altı ilkedir. Bunlara "Altı Ok" da denir. 13 Mayıs 1935'te Cumhuriyet Halk Partisi'nin program ilkeleri olarak kabul edilmiştir. Nihayetinde 1937'de çıkarılan bir kanunla 1924 Anayasası'na ilave edilerek, Türkiye'nin millî ideolojisi hâline getirilmiştir. Bu altı ilke, Cumhuriyetçilik, Milliyetçilik, Laiklik, Halkçılık, Devletçilik ve İnkılapçılıktır. Atatürk konuşmalarında "yeni devlet, yeni sosyete" diyor. Bu sosyete bizim bugün kullandığımız anlamda değil; cemiyettir ve bir sosyolojik tabirdir. Hatta bir kutuplaşmayı ifade eder. Sosyolojide Ferdinand Tönnies ve Émile Durkheim kullanır. Yani cemaatten, bir nevi kabileden, kabile üstü bir yerleşmeden bir modern toplum yaşamına geçiş gibidir. İşte yeni bir toplum; zihniyeti değişik, tavrı, hareketi değişik, örgütlenme biçimi ve özlemleri değişik olan yeni bir devlet... Kendi bakışıyla, kendi ilkeleriyle, kendi planlarıyla, kendi tavrıyla, kendi anlayışıyla yeni bir devlet şeklidir. Yoksa devlet ortadan kalkmış değildir. Devlet bütün kurumlarıyla birlikte devam ediyor.

Atatürk, Türk Devleti'nin temel prensiplerini ifade eden altı ilkenin sembolü "Altı Ok"un önünde konuşmasını yapıyor.

Harf Devrimi

Eski Arap harflerinin kaldırılması 1928 yılının Kasım ayındaki kanunla oldu. 1928'de, üç ay gibi kısa bir sürede, ikili kullanıma kesinlikle izin verilmeksizin Latin harflerine geçilmesi fikrinin Atatürk'e ait olduğu açıktır. Atatürk bu konuda tek başına cesurane bir karar almıştır. O kadar ki, o vakte kadar Latin harflerinin kabulünü öneren ve savunanlar bile, onun bu radikal girişimini desteklemeye çekinmişlerdir. Mesela, İsmet Paşa değişime karşı değildi ama "Buna çabucak geçemezsin" demişti. Bu tereddüdüne rağmen Harf Devrimi sonrasında kararlı bir şekilde başka harf kullanmadı.

Harf Devrimi yapılırken iki gerekçe vardı; matbaanın ucuz ve seri kullanımı ve Türkçe imlanın bir düzene konması. Bu iki acil ihtiyaç yeni bir alfabenin kullanımını zorunlu hale getirdi. Ne var ki insanlar eski harflerle yazma huyundan vazgeçmediler. Okumuş kesim uzun süre Arap harfleriyle not tuttu. Yeni harflerle kitaplar hemen ve bolca basılamadı. Değişimin tamamen benimsenmesi zaman aldı.

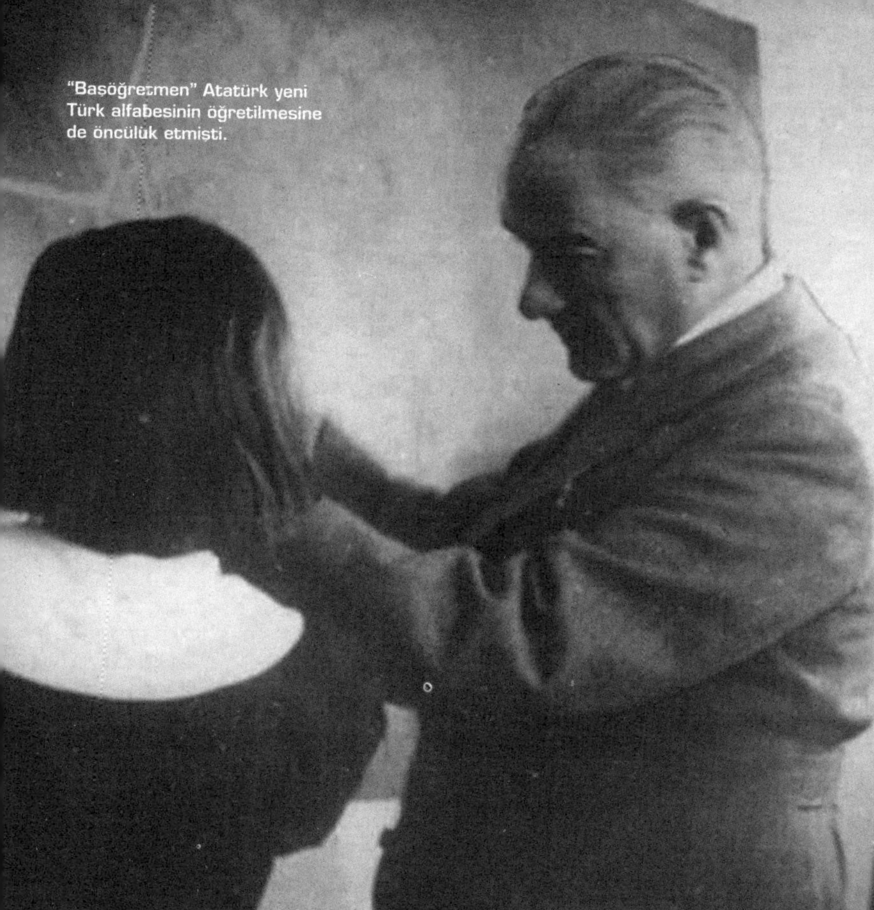

"Başöğretmen" Atatürk yeni Türk alfabesinin öğretilmesine de öncülük etmişti.

Kılık Kıyafet Devrimi

Şapka devrimi özellikle öteden beri üstyapı devrimi olarak düşünülür. Ancak bu olayda modern toplum yapısına bir yaklaşım yatmaktadır. Zira Osmanlı toplumunda dış görünüş, hayat tarzı, vs. itibariyle yönetici zümre diğerlerinden ayrılmak istenmiştir. Osmanlı toplumunda en rahatsız edici şeylerden biri budur; sınıflara, tarikatlara, mezheplere bölünmüş olarak yaşamak... Bu durumun Cumhuriyet idaresi için de söz konusu olması tehlikeli görülmüştür. Nitekim Cumhuriyet, yeni tip devlete sadık bir toplum istiyordu. Böylece sadece esnaf loncaları, tarikatlar kaldırılmadı; bunun göstergesi olan kisve ve serpuş çeşitleri de yok edildi.

Öte yandan Atatürk sokakta milletin ayrılmasını, kafa yapısının anlaşılmasını istemiyordu. Dolayısıyla "Şapka Devrimi" bir şekil devrimi değildi. Ancak bu ani değişim taşrada sessiz bir tepkiyle karşılandı. Şapkaya karşı bir direniş vardı. Bizzat Kastamonu'da Şapka Devrimi'nin ilanı bu tepkiyi değiştirmedi. Ama bunun ilanı bir cesaretti, bu ek olarak tepkinin hızını azaltmadı veya artırmadı.

Atatürk Kılık Kıyafet Devrimi'nin sembolü haline gelen fötr şapkası ile görülüyor.

Sağlık İnkılapları

Türkiye sefil bir ülke değildi, fakirdi. İkisi farklı şeydir. Bazı istatistik ve taramalar Dr. Eckman'ın yani Refik Saydam'ın emri ve arzusuyla Türkiye'ye kabul edilen mülteci Prof. Dr. Eckman'ın ciddi tıbbi taramaları yayınlandı. Bu çok önemli taramalarda açık şekilde görülüyor. Türkiye'de şaşılacak şeyler var. Birleşmiş Milletler gibi beynelmilel kuvvetli sağlık örgütleri çıkmadan, yani imparatorluktan kalan, cephede hizmet gören kadroların; yeni Cumhuriyet'in sağlık ordusu birtakım sorunları çözmeye başlamış. Çok ilginçtir; mesela veremde tam bir azalma var. Sıtmada da öyle bir azalma var. Fakat asıl önemlisi bu değildir. Bu az gelişmiş zirai ekonomilerin kentsel ekonomiye dönüşümde, modernleşmeye dönüşünde bir belâ, bir hastalık vardır; frengi... Bu yerleşir ve yayılır. Biri alıyor, bulaştırıyor, aileden gidiyor; kronik bir hastalık hâline geliyor. Türkiye bununla mücadele etmiştir. Bununla beraber bu sorunun üstesinden gelmeyi bilmiştir. O şartlarda bu başarı çok önemlidir. Sağlık teşkilatı, sağlık muayenelerinin etkinliği, salgınların ve kritik kalabalık bölgelerin tatbiki bunda etkilidir.

Hıfzıssıhha Enstitüsü

Kadın Hakları

Yeni bir devlet ve yeni bir rejimde, kadın hakları konusu kaçınılmaz olarak karşımıza çıkacaktı. Tanzimat dönemi ile beraber kız öğretmen okulları (darülmuallimat) açılmış ve hayatımıza kadın öğretmenler girmişti. Ancak kadınların şartlarının düzeltilmesi konusundaki tartışmalar fasılasız biçimde devam etti. Modern tiyatromuzun 19. yüzyıldaki başlayışından ilk romanımıza kadar daimî surette bir kadın problemi vardır ve asıl erkekler bunu dert edinir. Fakat aynı anda kadın aydınlar da bu konuya eğilmeye başlamıştır.

Gelişmemiş ve kapitalizme ulaşmamış Türkiye'de, biraz da radikal bir eğilimle, kadınlar haklar elde etmişlerdir. Bu haklar kadınlara erkeklerce verilmiştir, doğrudur; çünkü kadınların kendi haklarını alacak örgütlenmeleri ve kanuni güvenceleri yoktu. Cumhuriyet'ten evvel, Türkiye'de kadın hareketlerinde, kadının aydınlanmasında bir atılım söz konusu olsa da Cumhuriyet bu hareketleri yönlendirmeyi, kanunlaştırmayı, sistemleştirmeyi başardı. Dolayısıyla kadının toplum hayatındaki yerini, üstelik birçok Batı toplumundan önce kadınlara seçme-seçilme hakkı vererek sağlamlaştırmış olması, Cumhuriyet'in en önemli kazanımlarından biridir.

"Türk kadını dünyanın en münevver, en faziletli ve en ağır kadını olmalıdır" diyen Atatürk Türk kadınının toplum içerisindeki yerini daha fazla yükseltebilmek için son nefesine kadar gayret göstermişti.

Soyadı Kanunu

"Vatandaş" oluşturmaya yönelik inkılapçılığın içinde "Soyadı Kanunu" vardır. Türkiye, aristokratik normların bulunmadığı bir toplumdur. Ayrıca en az titulature (elkab) kullanılan bir ülkedir. Bu nedenle Soyadı Kanunu en az itirazla kabul edilen reformdur. Atatürk bazı arkadaşlarına bizzat soyadı vermiştir. Bunlar askerlerin çoğu zaman yaptıkları muharebeler ve kazandıkları başarıyla ilgiliydi. "Atatürk" soyadının üzerinde de onun için anlaşmışlardır. Bu soyad sadece Gazi Mustafa Kemal Paşa'nın kendisine mahsustur. Hiçbir akrabasına, kız kardeşine dahi verilmemiştir. TBMM'nin Sakarya Zaferi'nden sonra kendisini taltif ettiği "Gazi" unvanı ve müşirlikle birlikte "Gazi Mustafa Kemal Paşa" olmuş ve soyadı kanununa kadar böyle anılmıştır. "Atatürk" ise soyadından sonra verdiğimiz sivil adıdır. Evet, "paşa" geleneksel bir unvandır. Kendisi "general" hitabını istemiş, fakat "paşam" dedikleri durumda hiç itiraz etmemiştir. Bir bakıma anane de budur.

Milliyet

Sahip ve Başmuharriri : Siirt Meb'usu MAHMUT

9 uncu sene No. 3162 SALI 27 T. SANI 1934 Tel:

Mecliste Büyük Bir Gün

Sınıf farkını gösteren ünvanlar yıkıldı

Lâkap ve ünvanların kaldırılmasına dair kanun dün Meclisten çıktı. Müşüre Mareşal, Paşaya General denilecektir. Ağa, Hacı, Hoca, Ef. Bey, Hanım yok

Adın önüne gelmek şartiyle er kişiye "Bay,, kadına da "Bayan,, denecek

"İnönünün çıplak dağlarında bin bir güçlük içerisinde bu degişmenin, bu büyük ulusun temel taşını atan Çankayanın yalçın kayaları üstünde taş gibi, demir gibi örsle bir millet döğen ATATÜRK'e sonsuz saygılar...,,

Cumhuriyet döneminin "vatandaş bilinci" oluşturmaya yönelik, devrim niteliğindeki uygulamalarından biri de "Soyadı Kanunun" çıkarılmasıydı.

Takvim, Saat ve Ölçülerdeki Değişiklikler

Takvim, saat ve ölçülerde yapılan değişiklikler, toplumsal alandaki düzenlemelere dâhil edilmelidir. 1925 ve 1931'de gerçekleştirilen kanuni düzenlemelerdir. Bugünkü modern 24 saatlik uygulamaya geçiliyor. Eskiden alaturka saat denilen, güneşin battığı anı saat 12 olarak kabul eden bir sistem geçerliydi. Ancak bu, çok sağlıklı bir saat sistemi değildi. Osmanlı'nın belli dönemlerinde de saat sisteminde değişiklikler düşünülmüştür. Takvimde ise hicri ve rumi takvimler birlikte kullanılıyordu. İnkılaplarla birlikte ikisi birden kaldırılıyor ve yerine bugünkü miladi takvim kabul ediliyor. Bilimsel olan, bir yılın 365 gün 6 saat olduğu bir sistem miladi takvim ve 1 Ocak 1926'dan itibaren kullanılmaya başlanıyor. Bazı ay isimlerinde de değişiklikler yapılıyor. Ardından uluslararası rakamlar kabul ediliyor. Ağırlık ve uzunluk ölçüleri de değiştiriliyor. Bunların hepsi yeni Türkiye Cumhuriyeti'nde batılılaşma ama daha özelde muasırlaşma adına yapılan çalışmalardı. Açıkçası bunların da doğru ve gerekli değişiklikler olduğu ortadadır.

YEDİNCİ SENE — № 74.. ÇARŞAMBA 28 KANUNUSANİ 1931

YUNUS NADİ

İDAREHANESİ:

Telgraf: İstanbul Cumhuriyet

Posta kutusu: № 246

Telefon:

Cumhuriyet

ABONE ŞERAİTİ

MÜDDET:	TÜRKİYE İÇİN	HARİÇ İÇİN
Senelği	1400 Kr.	2700 Kr.
6 Aylığı	750 Kr.	1450 Kr.
3 Aylığı	400 Kr.	800 Kr.

Nüshası her yerde
5 Kuruştur

Ölçülerde Metre Sistemi Kabul Edildi

Vergilerde Tadilât Yapılıyor

Divanıharp dün ilk kararını tefhim etti

Horosköy ve Paşaköy muhtarları ile muskacılık eden Fazlı Ef. beraet ettiler

Gazi Hz.

İzmir'de büyük tezahüratla karşılandı

Reisicumhur Hz. dün Fırka kongresinde bulundular

Şehit Kanatlar ihtifali çok güzel oldu

"Vatan için can verenlerin makberi yerler değil göklerdir„

Yeni Türkiye Cumhuriyeti'nde Batılılaşma ama daha özelde muasırlaşma adına yapılan çalışmalardan biri de takvim, saat ve ölçülerde yapılan değişikliklerdi.

Ulaşım (Demir Yolu) Seferberliği

"Demir yolu ile İstiklâl Savaşı arasında nasıl bir bağlantı vardır?" diye sorulabilir, pekâlâ vardır. Zira 27 Aralık 1919'da Ankara'ya ulaşan Mustafa Kemal Paşa'nın burayı merkez seçmesinin tek nedeni kendisini ekseriyetle ve sıcak bir destekle karşılayan Ankara halkı ve eşrafı değildir. Demir yolunun bu noktaya kadar ulaşması, bu noktadan direnişin de savunmanın da ve ileriki taarruzun da daha kolay yapılması ihtimalidir. Böylece şehir bir bakıma demir yolu savaşı sayesinde kazanılan kurtuluş hareketinin merkezî noktası olmuştur.

Cumhuriyet rejimi Anadolu demir yollarını Karadeniz'e, güneydoğuya uzattı. Demir yolları doğuda Ankara'dan Erzurum'a, Kurtalan'a (Siirt), kuzeyde Samsun'a, güneyde Burdur-Isparta'ya ve güneydoğuda Urfa'ya kadar gitmişti. Ama dayandığı teknik ve teknoloji modası geçmiş olan bir sistemdi. Bu nedenle kara yolları 1950'lerden beri devamlı gelişti. 1970'lerde ise gidilmeyen kasaba kalmadı. Köy yolları büyük sorun olmaktan çıktı.

Demir yollarının kurulmasında çok büyük emeği olan Behiç Erkin (ilk sıra soldan ikinci) ve demir yolu çalışanları.

Türk Havacılık Çalışmaları

Mustafa Kemal Paşa, Eylül 1910'da Picardie Manevraları'na katıldığı zaman savaş uçaklarını da görmüştü. 1911'de ise Trablusgarb'ta İtalyanların bize karşı uçak kullanmalarına şahit oldu. Bunlar Atatürk'ün hava kuvvetlerine bakışını etkilemiştir. TBMM açılınca da Harbiye Dairesi'ne bağlı olarak Kuva-yı Havaiye (Hava Kuvvetleri) Şubesi teşkil edildi. Cumhuriyet döneminde ise yıllar süren savaşların sonunda ekonomisi zayıf bir ülke olarak uçak satın alma imkânımız kısıtlıydı. Bu nedenle Türkiye'de havacılık çalışması yapılması ve nitelikli eleman yetiştirilmesi için 16 Şubat 1925'te Atatürk tarafından Türk Tayyare Cemiyet; yani Türk Hava Kurumu kuruldu. 6 Ekim 1926'da Kayseri'deki uçak fabrikası törenle açıldı. 23 Nisan 1926'da personel eğitimi için "Tayyare Makinist Mektebi" açıldı. Uçak mühendisliği eğitimi için Avrupa'ya talebeler gönderildi. 3 Mayıs 1935'te Türk Kuşu kuruldu ve aralarında Atatürk'ün manevi kızlarından ve dünyanın ilk kadın savaş pilotu olan Sabiha Gökçen'in de bulunduğu havacılar yetişti.

İstikbalin göklerde olduğuna inanan Atatürk Türk havacılığının gelişimi konusunda hiçbir fedakârlıktan kaçınmamıştı.

Nutuk

Reisicumhur Gazi Mustafa Kemal Paşa 15-20 Ekim 1927 tarihleri arasında TBMM önünde kesintisiz olarak büyük *Nutuk*'u okudu. *Nutuk*'un okunuş tarihi; Cumhuriyet'in ilanı, hilafetin ilgası, Türk Medenî Kanunu'nun kabulü, Takrir-i Sükûn Kanunu ve İzmir suikastını izleyen davalardan sonraya rastlar ki bu bir tesadüf değildir. Çok partili düzen konusundaki tasavvurlarına ara veren Gazi Paşa 1919'dan o güne kadarki yedi senenin muhasebesini yapmakta, yorumlamakta ve ortaya koymaktadır.

Nutuk hiç şüphesiz 20. asrın siyasi liderlerinin icraatını anlattıkları eserler arasında müstesna bir yer tutar. Bir imparatorluğun Birinci Dünya Savaşı'ndan sonra yaşadığı çöküşü ve Anadolu'da işgalcilere karşı direnişi, bu direnişin başladığı TBMM'de, Cumhuriyet'e geçiş dönemi liderinin kendi ifadesiyle milletvekillerine nakledilmesidir. Bu nedenle okunduğu ve basıldığı günden itibaren Türkiye'de önemli bir yer edindiği gibi, çağdaş Türkiye'yi tanımak isteyen dünyadaki çevrelerde de okunmuştur. Bazı halde yabancı dildeki tercümelerin sadeleştirme çabasıyla ortaya çıkan metinlerden daha düzgün olduğu da bir gerçektir.

Atatürk Büyük Nutuk'u
15-20 Ekim 1927 tarihleri arasında,
toplam 36 saat 33 dakikada okumuştu.

1924 Anayasası

1924 Anayasası bizde yüzyılın ikinci yarısında alışılmış usulün aksine referandumla değil, doğrudan TBMM tarafından kabul edilen bir anayasadır. Kurtuluş Savaşı boyunca benimsenen 1921 Anayasası'nı yürürlükten kaldırmıştır. Bununla beraber 1924 Anayasası pekâlâ ulusal, sosyal, hukuki niteliğiyle çok partili bir demokrasinin yaşamasına ve devamına müsait olan bir metindir. Üstelik dönemine göre açık, düzgün ifadeli bir metne de sahiptir. Ancak en önemli özelliği, laikliğin bir ilke olarak metinde yer almamasıdır. Bu ilke 1928'deki değişiklikle ilave edilm ve cumhuriyetin bugüne kadar değiştirilmeyen ilkeleri de bu anayasada y almıştır. Bu anayasada bulunmayan Cumhuriyet Senatosu gibi bir kurum ise 1961 Anayasası ile getirilmiş ve 12 Eylül Anayasası ile lağvedilmiştir. Teşkilat-ı Esasiye veya 1924 Kanun-ı Esasisi'nin yarattığı ortam, 26 yıllık tek parti, 14 yıllık çok partili uygulama ve 27 Mayıs hareketinden sonra yeni bir anayasayı doğurmuştur. Zamanında toplum ve siyaset hayatında yenilikler yaratan bu anayasa; bilindiği gibi 20 yıla ulaşamayan bir uygulamanın ardından ortadan kaldırılmıştır. 1982 Anayasası'nı hazırlayanlar, anarşiden 1961 düzenini sorumlu tuttular ve acele bir anayasa taslağı ortaya çıkardılar. Bu anayasa toplumun, referandumda %92'sinin reyiyle yürürlüğe girdi. Askerî yönetimin sivilleşmesi için kitleni üzerinde durmadığı fakat zamana uyamayan bir metindi.

1924 Anayasası son iki anayasamızın aksine referandumla değil, doğrudan TBMM tarafından kabul edilen bir anayasa idi.

Tek Parti

1930'lu yıllarda Avrupa dünyasının özelliği, tek parti rejimlerinin hâkim olmasıdır. Çok partili hayat bir yozlaşma, milletin çalışan ve namuslu zümresinin aldatıldığı bir sistem olarak empoze edilmektedir. Burada tek particilik; "tek şef, tek parti, tek halk" sloganıyla sunuluyordu. Türkiye'de bu tür bir tek particilik söz konusu değildi. Tanzimat ile başlayan ve 1908'den itibaren kuvvetlenen merkeziyetçilik Cumhuriyet ile de devam etmiştir. Jakoben bir özellik olarak devlet ister istemez merkeziyetçi bir yapıya gitmektedir. Kemalist rejim demokrasiyi istiyordu. Ne var ki demokrasi deyince daima Fransa tipi demokrasi anlaşılmalıdır. O yüzden merkeziyetçilik gelişti. Mesela, 1930'daki Belediyeler Kanunu ile belediyelerin otonomisi tamamen kalkmıştır. Gerçekten Türkiye'de bu nedenle mahalli demokrasi lafta kalmıştır. Kemalist rejimin merkeziyetçiliği Türkiye tarihinde yadırganmamalıdır. Çünkü Avrupa'nın bütün milliyetçi devrimleri Fransız İhtilali'nin getirdiği devlet ve toplum sisteminden esinlenmiştir. Velhasıl, dönem öyleydi ve o dönemde kalması isabet olur.

Mustafa Kemal Paşa çok partili döneme kadar TBMM'de "tek parti" konumunda olan Cumhuriyet Halk Fırkası mebuslarına sesleniyor. Hemen arkasında TBMM Başkanlık Divanı Kâtibi Ruşen Eşref Bey (Ünaydın) ve Başbakan İsmet Paşa görülüyor.

Cumhuriyet Halk Fırkası / Partisi

Atatürk daha Aralık 1922'de bir siyasi partinin kuruluşuna dair açıklamasını yaptı ve "Halk Fırkası" tabirini kullandı. Şüphesiz ki Cumhuriyet'in ilanından sonra bu fırkanın başına Cumhuriyet gelecek ve fırka kelimesi de partiye çevrilecektir. Parti tüzüğü 9 Eylül 1923 tarihlidir. Onun kabulüyle Türkiye Cumhuriyeti'ne hâkim bir kurucu parti çıkmıştır. Kurucu partilerin en bilinen örneği Hindistan bağımsızlık mücadelesini yürüten Kongre Partisi'dir. CHF de bu kategorindendir. CHF'nin karşısında 1924'te Terakkiperver Cumhuriyet Fırkası gibi parti denemeleri vardı. 1930'da Serbest Cumhuriyetçi Fırkası da bunlardan biridir. Bu denemelerin akamete uğraması ve bilhassa "mürtecilerin" burada yer etmesi nedeniyle çok partili hayata ara verilmiştir. Cumhuriyet Halk Partisi'nin (CHP) içinden çıkan Demokrat Parti (DP) ve diğer partiler, doğrudan doğruya muhalefetten çıkan sol partiler rejimine kadar bu yapı devam etmektedir. Öbür partiler yavaş yavaş tasfiyeye uğramaktadır. Sonunda platformda üç parti kalmıştır; CHP, DP ve Millet Partisi.

CHP, İstiklâl Savaşı'nın temel unsurudur, Müdafaa-i Hukuk Örgütlerinin ve hareketinin bir ürünüdür. Gerçekten de direniş ve kurtuluş hareketi etrafında toplanan her sınıf halkın ve hatta farklı dünya görüşlerindeki grupların millî irade ile ulusal direnişe katılmasının bir ifadesidir. Bu ortamda TBMM idare, yasama ve yargının başındaki (tek yetkili) meclistir. Halk Fırkası kurucu parti ve örgüttür ve ileride Türk siyasetinin diğer partileri de kadro ve temel fikir olarak bu ana kanattan çıkıp beslenecektir. 1946 ve sonrasında çok partili hayata geçişi de bu partinin kadroları hazırladı.

CHP, Türkiye'nin kurucu partisi olarak bugünlere kadar devam etmiştir. Gerek ideolojisi gerek kadroları itibariyle bir değişim geçirdiği çok açıktır. Mühim olan bu partide çok uzun zaman tek parti liderliğinin hâkim olması yanında (aşağı yukarı 20 yıldır) yavaş yavaş diğer grupların da yerleşmeye başladığı ve özellikle 1970'lerden itibaren ortanın solu görüşüyle bu yapılaşmanın çeşitlendiği ve yayıldığı görülmektedir. CHP nihayet baştaki kadronun onu terk edip DSP'nin teşkiliyle yeni bir mecraya geçmiştir. Atatürk 1922'de bu partiyi kurarken siyasal mücadeleyi, yani Kurtuluş Savaşı'nı kendisini destek olan Müdafaa-i Hukuk gruplarının üzerinde kurmuştur. Müdafaa-i Hukuk gruplarının hepsi Cumhuriyetçi partiyi meydana getirecektir. Bu partinin içinde o zamana kadar siyasette görülmeyen unsular, hatta muhafazakâr çevrelerden gelen bazı kimseler gibi kuvvetli bir İttihatçı temel de vardır. Enver Paşa'ya katılmayan ve sonuna kadar desteklemeyen, dolayısıyla Mustafa Kemal Paşa'ya (Atatürk) cephe almayan kadroların buraya girdiği de bir gerçektir.

Çok Partili Siyaset Denemeleri

Cumhuriyet devrinde hiç şüphesiz ki tek parti idaresi vardı; ama çift parti dönemi de görüldü. Esas olarak Terakkiperver Cumhuriyet Fırkası 1924'ün ve Serbest Cumhuriyet Fırkası da 1930'un muhalefetidir. Başkanları Kâzım Karabekir ve Fethi Okyar Atatürk'ün yakın arkadaşlarıydı. Mustafa Kemal Paşa'yla anlaşmazlığa düşmüş, daha muhafazakâr yapılı bir Jön Türklüğü benimsemiş ve çok büyük taraftar toplamışlardır. Amaçlarının dışında kalan ama partiye gelen grupları reddetmeyerek yanlarına almışlardır. İkincisi doğrudan doğruya tayin ve ricayla gelen bir başkandır ki daha fazla taraftar toplamıştır. Partinin içinde hem fundamentalist diyebileceğimiz takım hem de solcular vardı. Terakkiperver Fırka seçim yaşamadı ama muhalif olarak boy gösterdi. Serbest Fırka ise milletvekili değilse de belediye seçimlerine girdi ve hayli rey kazandı. Ancak muhalefetin bu karmaşık yapıyla ve kontrolsüz reaksiyonla devamı olmayacağı belliydi. Ankara zamanla iki partiyi de tehdit görmüştür. Bunun sonucunda ilki açıldıktan üç, ikincisi ise yedi ay kadar sonra kapatılmıştır.

Cumhuriyet tarihimizin ilk muhalefet partisi olan Terakkiperver Cumhuriyet Fırkası'nın kurucuları bir arada görülüyorlar. Soldan sağa: Dr. Adnan Adıvar, Ali Fuat Cebesoy, Kâzım Karabekir, Rauf Orbay ve Refet Bele.

Terakkiperver Cumhuriyet Fırkası

Terakkiperver Fırka seçime katılmadı fakat muhalif olarak kitlelerin karşısına çıktı. 1925 yılı Haziran ayında kapatılan bir partidir. Terakkiperver Fırka bünyesinde Millî Mücadele'de Atatürk'ün yakın arkadaşları olan komutanlar ile birlikte İttihatçılar da toplanmıştı. O zaman pek fazla solcu yoktu. Solcular daha sonra Serbest Fırka'ya dâhil oldular. Serbest Fırka'da da İttihatçılar bulunmakla beraber, Terakkiperver Fırka'da İttihatçılar daha fazladır ve benzeri başka gruplar da vardır. Cumhuriyet sırf padişahı değil İttihatçıları da kendi için tehdit olarak görmüştür. 1926 yılındaki İzmir Suikastı davasının arkasından gelen tevkiflere, kovuşturmalara bakıldığında trajik unsurların olduğu görülür. Fakat Cumhuriyet'in ilk yılları gerek çıkan ayaklanmalar gerekse başarısız demokrasi denemeleri –Terakkiperver Cumhuriyet Fırkası, Serbest Cumhuriyet Fırkası- yolu ile laik bir rejiminin oturması için daha çok zaman geçeceğini göstermiştir.

Terakkiperver Cumhuriyet Fırkası amblemi.

Şeyh Said İsyanı

Şeyh Said İsyanı ya da o zamanlar kullanılan adıyla Genç Hâdisesi, 1925'in Şubat ve Nisan ayları arasında cereyan etmişti. Güneydoğu Anadolu Bölgesi'nde, Cumhuriyet idaresine, yani Ankara yönetimine karşı başlatılan bir isyandı. Şeyh Said İsyanı'nın bastırılması yeni devletin Doğu ve Güneydoğu'da kontrolü sağlaması adına oldukça önemliydi. Zira isyanın kısa süre içerisinde düşünülenden çok daha büyük bir etkiye ulaştığının anlaşılması üzerine Başvekil Fethi Okyar istifa etmek zorunda kalmıştı. İsyanın bastırılması için alınan olağanüstü yetkilere muhalefet eden Terakkiperver Cumhuriyet Fırkası ise bir hükûmet kararnamesiyle kapatılmıştı. Musul'un kaybında da bu isyanın olumsuz bir etkisi oldu. Şeyh Said Ayaklanması'nda bir milliyetçi unsur var. Söylendiği gibi bir İngiliz oyunu ya da Nakşilik meselesi değildir. Tabii Nakşilik ile ilgili bir bağlantı Şeyh Said'in kişiliğinden ileri gelir. Bu yüzden Dersim isyanı ile Şeyh Said isyanını aynı kefeye koymak da mümkün değildir.

Sonuçları itibarıyla Musul'un kaybında dahi etkisi olan Şeyh Said İsyanı'nın tertipçisi Şeyh Muhammed Said.

İzmir Suikastı

İzmir Suikastı için ana hatlarıyla, "14 Haziran 1926'da Mustafa Kemal Paşa'ya İzmir'de yapılması planlanan suikast girişimidir." diyebiliriz. Aralarında eski bakanlar, vali ve milletvekillerinin de bulunduğu bir ekip tarafından planlanmıştır. Fakat teşebbüs aşamasında kalmış, engellenmiştir. Suikast girişiminin ardından gelen tevkiflere, kovuşturmalara bakıldığında trajik unsurların olduğu görülür. İstiklâl Mahkemeleri'nde yargılanan toplam 57 kişiden dördüne idam, altısına sürgün ve ikisine hapis cezası verilmiştir. Suikastı kimlerin planladığı belli, biliniyor. Bazıları ise haberdar ya da ilgisiz, tepkisiz kalıyor. Kimin planladığı belli ama mesela içlerinde Cavit Bey yoktur. İzmir Suikastı'na fikren yakın olduğu, sözle desteklediği gibi söylentiler vardır ama suikastın içinde değildir. Nitekim "Üç Aliler Divanı'nın" yargılaması usul vs. bakımından vahimdi. Üç Aliler; Kılıç Ali, Necip Ali, Kel Ali (Ali Çetinkaya). Cavit Bey'i idama mahkûm eden mahkeme reisi Kılıç Ali aynı zamanda çok da usule uymayan bir yargılama yöntemi takip etti.

Adları İzmir Suikastı davası içerisinde geçen Gürcü Yusuf ve Laz İsmail mahkeme yargılama esnasında görülüyorlar.

Menemen Hadisesi

23 Aralık 1930 günü cereyan eden Menemen Hadisesi, âdeta muhalefetin susturulmasına taraftar olanları "Biz demedik mi?" havasına soktu. Menemen'de Nakşi oldukları söylense de mahiyetleri hâlâ tartışmalı olan, Giritli Derviş Mehmed isimli bir kişinin etrafında toplananlar ayaklanma çıkardılar. Bu ayaklanma bir "çarşı meydanı" gösterisidir. Olayı durdurmaya çalışan asteğmen rütbeli yedek subay Mustafa Fehmi Kubilay'ı ve iki bekçiyi vahşice şehit ettiler. Yaşananlara çok öfkelenen Gazi Paşa, rivayete göre, kasabayı toptan sürmekten dahi söz etmiş, sonra zecri tedbirler, muhakeme ve idamların ardından yatışmış. Menemen Hadisesi cehaletin şartları değerlendirmekte ne kadar kolay yanılabileceğini ve eyleminin sonsuz bir şiddete uzanacağını gösterir. Ancak bu olay Türkiye için yaygın bir dinî ayaklanmanın başlangıcı olarak nitelendirilemez. Bunun yanında yaşananlar bizzat Serbest Fırka mensuplarının dahi parti defterini kapatmalarına neden olmuştur. Bu olay etraftaki dünyanın şartlarına da bakarak Türkiye için çok partili demokratik rejimin kurulmasını bilinmeyen bir tarihe tehir etti.

Menemen Hadisesi'nde şehit edilen Asteğmen Fehmi Kubilay.

Serbest Fırka

Serbest Fırka deneyimi ilginçtir; çünkü kurulduğu dönemde dünyada büyük bir iktisadi buhran vardır. Bu dönemde Türkiye zirai bir ülkeydi ve nüfusun %85'i köylüydü. Birtakım köyler daha pazara açılmamıştı yani otantik ve otarşik bir yapı içinde yaşıyorlardı. Eğitim sorununu, nüfus problemlerini, salgın hastalıklarını halledememiş Türkiye'de rejim değişikliği ve bir medeniyet değiştirme süreci söz konusuydu; dahası, bu durgun iptidai iktisadi sistemi değiştirecek kadrolar yoktu. Solcusu da, sağcısı da memnun değildi. Serbest Fırka her kesimden vatandaşı toplayan bir hareket oldu. Milletvekili seçimlerine değilse bile belediye seçimlerine girdi ve hayli rey kazandı. Tabii şunu unutmamak lazım ki, Serbest Fırka bizzat Atatürk'ün isteği ile teşekkül etti. Hatta dostu Fethi Okyar'ı parti kurması için teşvik eden ve yine kız kardeşi Makbule Atadan'ı da o partiye üye yapan Mustafa Kemal Atatürk'tü. Bu teşebbüs 12 Ağustos 1930 ile 17 Kasım 1930 tarihleri arasında faal kalabilmişti ve asıl çekinilen kitlelerin irticai harekete, liberal geçinen aslında ortodoks muhafazakâr kadrolar ve kanaat önderlerinin peşine katılması oldu.

Serbest Fırka'nın kurucusu Fethi Bey (Okyar) bir toplantı esnasında konuşurken...

Hukuk İnkılabı

Osmanlı Devleti dinî toleransa sahipti. Bu anlamda devlet kamu hayatında geniş ölçüde, özel hukuk alanında kısmen din dışı hukuk uygulamalarına da başvurmuştur. Ama şeriatla bir arada yaşamaya devam etmiştir. Yeni Türkiye Cumhuriyeti ise modernleşme hamlesinin bir gereği olarak, 1925'te Tevhid-i Tedrisat ve 1926'da hukuk devrimiyle laik kurumların temelini radikal bir biçimde attı. Bu durum son Osmanlı asrının yarattığı ikiliği ortadan kaldırdı. Kanunun getirdiği gelişmelerin neticesi olarak 1928'de Türkiye Cumhuriyeti Anayasası'na laiklik ilke olarak girmiştir. Laik düzene geçişle son Osmanlı asrındaki modernleşmenin yarattığı ihtiyaçlardan doğan yeni kurumların eskileriyle olan çatışmasının sebep olduğu kargaşanın ortadan kaldırılması hızlandırılmıştır. Laik dünya görüşü ve devlet düzeniyle modern toplamlara özgü siyasal yapıya, yönetim sistemine ve hukuki düzenin mükemmelleşmesine geçiş mümkün olmuştur. Aynı dili konuşan ve aynı kültürel mirasa sahip bir halkın mezhep ayrılıkları ve çatışması içinde yaşamasına son verilmek istenmiştir.

15 Aralık 1930 tarihinde
İstanbul Üniversitesi'ni ziyaret eden
Atatürk Hukuk Fakültesi öğrencileri
ile beraber...

Medenî Kanun'un Kabulü

1926'da Medenî Kanun'un getirilişi bir zorunluluktan kaynaklanmıştır. Osmanlı imparatorluk sisteminde şer'î ve nizami hukuk bir aradaydı. Tanzimat'tan sonra zaman zaman aile hukuku konusunda bazı uygulamalar getirilmiş, fakat ikili bir yapı ortaya çıkmıştır. Şer'î veya nizami mahkemeye başvurmak rızaya bağlı olmuştur. Bu tür karışıklıklar modern bir toplumda hoş görülmez. Bunun ötesinde, mesela şirket kurmak, doğum, ölüm gibi konular da merkeziyetçi, modern bir devlette standart bir yapıya kavuşturulmalıdır. Bu standartizasyon ve Batı hukukunun kabulü 1926 Medenî Kanunu'yla mümkün olmuştur. Türkiye o dönemde Adliye Vekili olan Mahmud Esad (Bozkurt) başkanlığında bir komisyonda, İsviçreli Eugen Huber'in elinden çıkmış metni, İsviçre Medenî Kanunu'nu adapte etmiştir.

Bir görüşe göre, Cumhuriyet döneminde yapılan inkılapların en önemlisi hukuk inkılabıdır; Medenî Kanun'un kabulüdür. Hukuk devrimiyle Türkiye aslında dönülmez bir şekilde yeni bir yola girmiştir. Ancak kanun-ı medeninin miras bahsinde ananeyi bir ölçüde muhafaza ettiğini de belirtmek gerekir.

Türk kadınlarının ilk kez oy kullandıkları 8 Şubat 1935 tarihli genel seçimler sonrasında milletvekili seçilen Türk kadınları... Fotoğraftaki isimlerden Hatice Özgener 1936 yılında yapılan ara seçimde milletvekili olmuştur.

Ekonomik Hayat

Birinci Dünya Savaşı'na katılan büyük ülkelerin aksine Türkiye'de ana sektörü teşkil eden zirai hasılada bir artış gözlendi. Sanayi bakımından imparatorluğun 1912'ye göre zaten bir çöküş içinde olduğu açıktı. Rumeli elden çıktığı gibi, Suriye ve Lübnan'daki sanayi tesisi sayılabilecek fabrikalar da artık elde değildi. 1920'lerde Türkiye işçi sınıfı diyebileceğimiz zümrenin yarıya yakını küçük atölyelerde çalışmaktaydı ve hiç kuşkusuz ki Türkiye işçi sınıfının hayat şartları zordu. Ancak sendikalaşma, partileşme bilinci ve yaşama bakışları açısından Batı'dan farklıydı.

1925 yılına gelindiğinde, tarım ürünlerinin harb öncesine göre % 51 artış gösterdiği görülmektedir. Burada önemli olan husus şudur; Türkiye ağır sanayiye geçmekte çok erken bir aşamadadır, fakat tarım hasılası birikmektedir. Diğer yandan ülkenin fakir kesimi sayılan Doğu Anadolu'dan büyük ölçüde vergi alınamadığı açıkça görülmektedir. Buralarda yapılan düşük miktardaki yatırımlar ki ön planda sadece demir yoluna münhasırdır, kara yolu bile çok az yapılabilmektedir, karşılığını alınan vergide bulamamaktadır.

1929 iktisadi buhranı sadece Wall Street'teki patlamayla kalmadı, herkesi ve bizi de etkiledi. 1930'a gelindiği zaman, Türkiye'de bizim "devletçilik" diye adını koyduğumuz, kesinlikle bez, şeker, un vs. gibi acil tüketim ihtiyaçlarına yönelik sanayileşmenin devlet tekeli altında götürülmesi söz konusudur. İzlenen korumacı politikalarla Türkiye'de birtakım sanayi dallarının, atölye zanaatlarının geliştiği görülüyor. Şüphesiz bunun yanı başında atıl yaşamaya alışan bir müteşebbis sınıf da doğdu. Kalitesiz mal üretimini korumacı politikalar ve kanunlar sayesinde ve ithal rejimiyle palazlanarak sürdürdüler ve iç pazar bu kalitesiz mallarla doldu. Çünkü öbürlerine göre kendi çaplarında kaliteli olsalar da üretim bakımından daha pahalıya mal oluyorlardı, daha çok emek ihtiyaçları vardı, piyasaya ulaşamıyorlardı. Bu nedenle Atatürk aşırı korumacı iktisadi politikalara ihtiyatla bakıyordu ve özel sektörün geliştirilmesi taraftarıydı. Başbakan İsmet Paşa ise devletçi siyasetin devamını istiyordu. Bu görüş ayrılığı 1937 yılında Celal Bayar'ın başbakanlığa getirilmesini sağlayacak etkenlerden biri olmuştu. Şüphesiz 1935 Trakya olaylarının ve bürokrasideki hâkim gruplar arasındaki çekişmelerin de bu gelişmede rolünün olduğu açıktır.

İzmir İktisat Kongresi

1923'te toplanan İzmir İktisat Kongresi çiftçi ve tüccar grupların istekleri doğrultusunda kararlarla dağıldı. Kongreyi Türkiye için amir kararlar alan bir organ olmaktan çok, dış dünyaya yeni Türkiye'nin ekonomik ve toplumsal sistemini ilan eden bir kongre olarak değerlendirmek doğru olur. Kongre bürokratik bir istişare mahiyetindedir. İktisadi hayatın her sektörünün, hatta işletme ve bürokratik mekanizmanın altyapısının bile tartışıldığı bir yer oldu ve iktisadi hayatın geliştirilmesi için bir dizi kararla kapatıldı. İlk günden belliydi ki yeni devlet iktisadi hayatı düzenleme cihetine gidecekti. Demir yollarına el atılacak, mevcut şirketler devletleştirilecekti. Avrupa'da bile bir müddet sonra başlayacak olan ulaştırma, posta ve şehrin altyapı hizmetlerini millîleştirme sürecine daha başta el atıldı. Yine büyük bir kitlenin alıcısı olduğu şeker, tütün gibi en mübrem maddeler üzerinde tamamen devlet tekeli kuruldu. Ağır sanayi atılımına da bu dönemde girildi.

Mustafa Kemal Paşa
17 Şubat - 4 Mart 1923 tarihleri
arasında düzenlenen
İzmir İktisat Kongresi'nde...

Atatürk Orman Çiftliği

Orman Çiftliği Atatürk'ün en önemli projelerinden biriydi. Bozkırın ortasında örnek bir çiftlik oluşturmuştu. Bu arazi büyük oranda bataklık ve sazlıktı. Ancak burada bağcılık, bahçecilik, hayvancılık, yeşillendirme gibi çalışmalar yapıldı. Tabii bunda Ankara halkına bir yeşil alan ve rekreasyon imkânı oluşturmak düşüncesi de etkiliydi. Atatürk'ün bizzat ilgilendiği çalışmalar gerçekleştirildi. Mesela süt ürünleri üretimi yapıldı. Ankara'nın en geniş yeşil alanı oluşturuldu. Bu çiftlik arazisi içinde çok büyük bir hayvanat bahçesi, tarihî Karadeniz Havuzu, Devlet Mezarlığı gibi ziyaret alanları bulunur.
Çok sonraları Selanik'teki Atatürk Evi'nin bir benzeri de yapılmıştır. Burası Türkiye'de tarıma öncülük eden bir çiftlik olmuştur. Yoğun yapılaşmaya rağmen, Ankara, yeşil alan ve parklar bakımından da görülmeye değer bir zenginlik taşırdı. Çevresindeki Atatürk Orman Çiftliği, Çubuk Barajı gibi çok geniş yeşil alanlar yanında, başta Gençlik Parkı olmak üzere, birçok park ve bahçe şehri süslerdi.

Mustafa Kemal Paşa başlangıçta "Orman Çiftliği"
olarak anılan Atatürk Orman Çiftliği'nde...
(14 Temmuz 1929)

Osmanlı'dan Kalan Borçlar

Düyun-ı Umumiye'nin tasfiyesi Lozan'daki en büyük tartışma konusudur. Bu komisyon aslında bırakılmış, fakat Türkiye devleti artık bir kere buna muhatap olmuştur. Bir başka ifade ile bu bir haciz kurumu olmaktan çıkmış ve Türkiye ile alacaklı-borçlu ilişkisine girilmiştir. Türkiye Paris'teki Borçlar Komisyonu'na Maliye Vekâleti memurlarından ve müfettiş statüsünde bir temsilci göndermişti. Yapılan taksitlendirmelerde bu borç düzenli ödemelerle bitirilmiştir. En mühim mevzu ise Düyun-ı Umumiye'nin artık vergi tarhı ve vergi cibayeti konusundaki yetkilerinin kaldırılması olmuştur. Artık haciz işlemi yapan bir kurum olmaktan çıkmıştır. İktisadi hükümler ise bu çerçeve içerisinde düşünülecekti. Kapitülasyon mahkemeleri ve her türlü kapitülasyon kaldırılmıştı.

Dikkate almadığımız durum kapitülasyonların karşılıklı olduğudur ama mazide kapitülasyonlar maalesef karşılıklı olarak bizim için de aynı şekilde geçerli olamadı. Bu ulusalcı ekonomiye dayanan devletlerin en önemli sorunudur. Liberal bir ticari mübadele ve faaliyet esaslarından çok kuvvetlerin daha etkin ve haklı olduğu bir rejim söz konusudur.

Düyun-ı Umumiye binası.

Türk-Yunan Nüfus Mübadelesi

1924 yılındaki Türk-Yunan nüfus mübadelesi Venizelos'un talebiyle yapılmıştır. Venizelos, elindeki mevcut Yunanistan'ı kalabalıklaştırmak için Anadolu'daki Helen nüfusu istedi. Büyük devletleri de buna ikna etti ve Türkiye bunu kabul etmek zorunda kaldı. Mübadele ile birlikte Anadolu'dan 1,5 milyon kadar insan karşı tarafa göç etmişti. Bize ise o topraklardan 500 bin kadar insan geldi.

Mübadelede esas, Müslüman ve Ortodoks nüfusun mübadelesi idi. Bu sebeple iyi Türkçe bilmeyen Yunanistan tebaasından bir Pomak Türkiye'ye gelirken, Yunanca bilmeyen Karamanlı Ortodoks bir Türk Yunanistan'a gitti. Karamanlı Türkler Hristiyanlardı, Ortodokslardı ancak Türklerdi. Yunan alfabesiyle Türkçe yazarlardı. Yunancayı ise bilmezlerdi. Bu topluluğun gitmesiyle birlikte, Türkiye önemli bir Hristiyan grubunu kaybetti. Buna karşılık Türkiye'ye Selanik'ten, Yanya'dan, Batı Trakya'dan, Adalar'dan ve özellikle de Girit'ten Müslümanlar geldi. Anadolu Helenlerinin Yunanistan'da çok mutlu yaşamadıklarını da söylemek gerekir. Buraya gelenler ise, zorluklara kısmen intibak edemedilerse de Türkiye'nin değişim ve gelişiminde çok büyük faydalar sağladılar.

Türkiye'de yerleşen mübadiller anavatana intikal etti; siyasi, sosyal, kültürel ve iktisadi hayata tatbik ettiler. Yunanistan'da ise Anadolu göçmenleri uzun zaman sıkıntı çekti ve hatta siyasi hayatta sol hareketleri desteklemeye başladılar.

Onikiada'nın Durumu

Trablusgarb'ta İtalya ile savaşan Osmanlı Devleti Balkan Savaşı'nın başlaması ile beraber bu devletle imzaladığı Uşi Antlaşması (18 Ekim 1912) kapsamında "Onikiada" olarak anılan Güney Ege'deki adaları İtalya'ya geçici olarak bırakmak zorunda kalmıştı. 1915 yılında Londra'da imzalanan ve İtalya'nın İtilaf Devletleri'ne katılmasını sağlayan pakt çerçevesinde konu tekrar gündeme getirilerek bu adaların tamamı daimî biçimde İtalya'ya bırakılmıştı. İtalya Onikiada'yı İkinci Dünya Savaşı'nın sonuna kadar elinde tuttu. Bu dönemde Nazi Almanyası adaları Türkiye'ye vermeyi teklif etse de bunu kabul etmek Müttefikler ve Sovyetlerle karşı karşıya gelmek olacağından teklif İsmet Paşa tarafından reddedildi. Dolayısıyla Alman hediyesini reddeden İsmet Paşa'nın dış politikasını tenkit etmek doğru değildir. Yine İsmet Paşa'nın Uşi Antlaşması'nın imzalanmasında payı olduğu iddiası da tamamıyla mesnetsizdir. Zira İsmet Paşa o dönemde henüz kurmay binbaşı rütbesindedir. Yemen'deki isyanı bastırmakla görevli olan Ahmet İzzet Paşa kuvvetlerinin kurmay başkanıdır.

Rodos ve 12 ada da Türktür

Vatan 28.8.1956

Gaspedilen adalarımız Anadolu'nun bağrına dönmeli ve Yunanlıların tarassutundan kurtulmalıyız

Anadolunun, iktisadi, tarihi ve coğrafi bir parçası olan Rodos, on dördüncü asrın başlarından itibaren Senjan şövalyelerinin idaresinde bulunuyordu. Zamanla bir korsan yatağı haline gelmişti. Akdenizin neresinde bir Müslüman ticaret gemisi yakalansa bu adaya getirilirdi. Garp sularında İspanyollardan kaçmağa muvaffak olan Müslümanlar, şark sularında Rodosluların eline düşerdi. Ada zindanları Türk ve Müslüman esirleri ile dolu idi.

Fatih Sultan Mehmet Han, arzuladığı halde Rodos'u fethe fırsat bulamamış, ölümünden biraz evvel:

— Rodos ceziresini almağı çok isterdim.

(Devamı Sa: 7 Sü: 7 de)

Oniki Ada ile ilgili olarak 1950'li yıllarda çıkmış bir gazete haberi.

Musul Meselesi

Lozan Konferansı sürecinde Musul Türk tarafı açısından önemli bir mesele olmuştur. Ancak sorun maalesef halledilememiştir. Musul vilayeti -ki bugün nüfusu neredeyse 2-3 milyon arasıdır- Erbil ve Kerkük'ü de kapsamaktadır. Ayrıca bölgede önemli bir Türk azınlık bulunmaktadır. Fakat bölge tek başına hiçbir etnik grubun elinde değildir. Bu durum Musul'un Türklerin daha etkin olduğu Hatay kadar ilgi çekmemesine neden olmuştur. Hatay konusunda Türkiye daha ısrarcı davranmış ve Fransa'yla anlaşmıştır.

Musul'u önemli kılan ikinci etken ise petroldür. Bilhassa Britanya Donanması Birinci Dünya Savaşı'nda kömür yerine petrole geçtikten sonra İngilizler açısından petrol ve önemli petrol kaynaklarına sahip olan Musul bölgesi çok değerli hale gelmiştir. Buna karşılık Cumhuriyet'in ilanı ile beraber önceliğini sağlık, eğitim, bayındırlık gibi farklı alanlara veren Türkiye'nin Musul için İngiltere ile silahlı mücadeleye girişecek durumu yoktur. Dolayısıyla Musul'un petrol gelirleri üzerinde cüzi oran sağlayan bir anlaşma yapmakla yetinilmiştir. Daha sonra ise bu bölge elimizden kayıp gitmiştir.

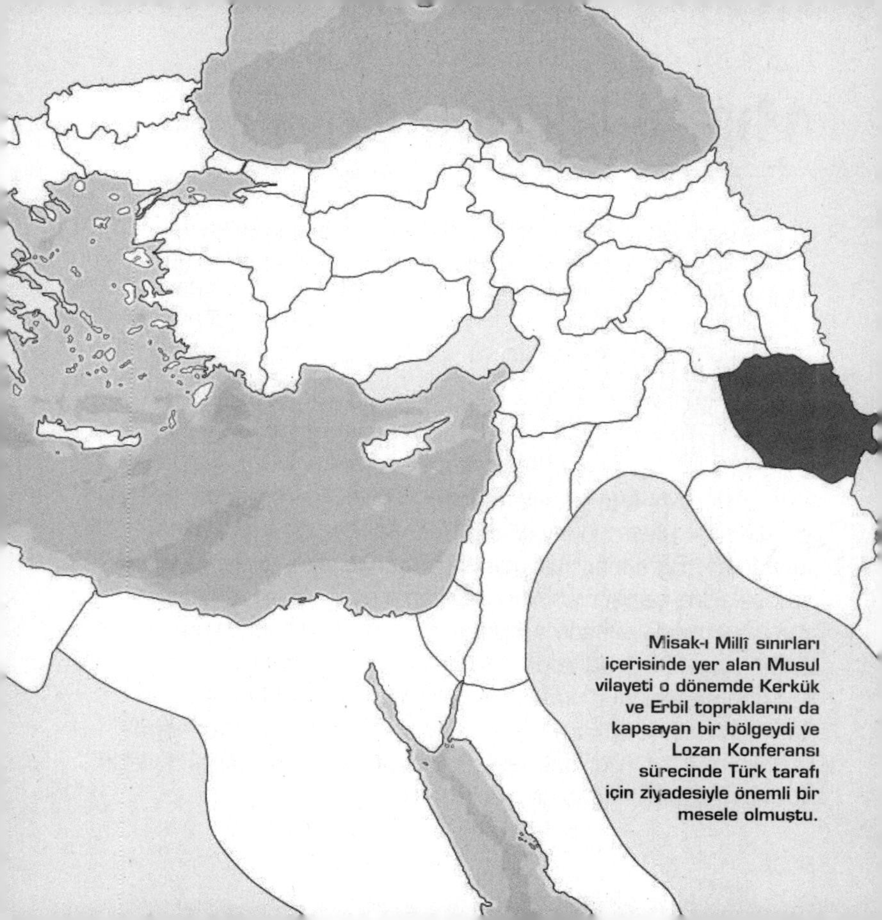

Misak-ı Millî sınırları içerisinde yer alan Musul vilayeti o dönemde Kerkük ve Erbil topraklarını da kapsayan bir bölgeydi ve Lozan Konferansı sürecinde Türk tarafı için ziyadesiyle önemli bir mesele olmuştu.

1929 İktisadi Buhranı

"Büyük Buhran" da denilen bu küresel ekonomi krizi, şüphe yok ki atılım içindeki genç Türkiye'yi olumsuz etkilemiştir. Çünkü dünya büyük bir iktisadi buhranın içine giriyor ve daha yeni kurulmuş, ekonomisini oturtmaya çalışan bir devlet olarak bu kriz ortamı ve şartları bizi de olumsuz anlamda etkiliyor. Etkilememesi de düşünülemezdi. Yine de 1923 ile 1929 arasında gerçekleştirilen muazzam işler vardı. Ancak 1930'lara gelindiği zaman, Türkiye'de bizim "devletçilik" diye adını koyduğumuz, kesinlikle acil tüketim ihtiyaçlarına yönelik sanayileşmenin devlet tekeli altında yapılması söz konusudur. Bu şartlar altında devletin liberal ekonomiye ya da özel sektöre geçişi mümkün değildir. Esasen dünyada hiçbir ülke artık müdahaleden ari bir iktisadi politika uygulayamıyordu. Dolayısıyla 1929-30'larda Türkiye'de de gerek Türk Parasını Koruma Kanunu'nun yürürlüğe girmesi, gerekse Merkez Bankası'nın teşekkülü; ithalat ve ihracat üzerinde kota tesbiti ve ihraç malları üzerinde kalite kontrolü gibi tedbirlerle devletin iktisadi hükümranlığı artmıştır.

Cumhuriyet'in ilanı ile liberal bir iktisadi politika benimseyen Türkiye, dünyayı olumsuz etkileyen 1929 İktisadi Buhranı sonrasında devletçi bir iktisat politikasına yönelmek durumunda kalmıştı.

Sovyet Rusya ile Yakınlaşma

23 Nisan 1920'de Ankara'da yeni bir dönem başladı. Yeni kurulan Meclis Hükûmeti'ni Afganistan ve Sovyet Rusya tanıdı. Bilhassa Rusya ile yapılan Moskova Antlaşması ile Doğu Cephesi'ndeki problem bitmişti. Bununla beraber Millî Mücadele döneminde Sovyetler Birliği'nin yardımı meselesi, hazineden ayrılan paradan çok, oradaki Müslüman toplumun topladığı ianeyi içermekteydi. Ruslardan alınan kılık-kıyafet vardır, hatta bir fotoğrafta İsmet Paşa'nın giydiği kaput (şnell) besbelli ki Kızıl Ordu generallerinin, albaylarının giydiği kaputtur. Fakat Türk ordusunda Sovyet Kızıl Ordusu'nun bir kurmay desteği yoktur. General Frunze gibi gelenlerin istisnai ziyaretçi olduğu belirtilmelidir.

Cumhuriyet döneminde ise temkinli ve dengeli dış politika anlayışı kapsamında Türkiye'nin Sovyetler ile dostane ilişkileri devam etmiştir. Bilhassa Cumhuriyet'in kuruluşunun onuncu yıldönümü etkinliklerine Sovyetler Birliği'nden Voroşilov ve Budyonni gibi üst düzey yetkililerin katılması Türk-Sovyet ilişkilerinin zirvesi sayılabilir. Ankara Hükûmeti bu ziyarete büyük önem vermiştir. Ama bu, Türkiye'nin rejim bakımından Sovyetler Birliği'ne yakınlık gösterdiği anlamına gelmez. Zira örgütlü bir solun bu dönemde faaliyet göstermesi düşünülemezdi.

Mustafa Kemal Paşa ve Fevzi Paşa, Azerbaycan Sovyet Sosyalist Cumhuriyeti'nin Ankara Büyükelçiliğinin açılış töreninde Büyükelçi Abilov ile beraber görülmekteler. (18 Kasım 1921)

Balkan Antantı

Birinci Dünya Savaşı sonrasında İtalya'nın Balkanlar üzerindeki emelleri başta Yugoslavya ve Türkiye olmak üzere, bölge ülkelerini rahatsız etmekteydi. Bu kapsamda Türkiye, Yunanistan, Romanya ve Yugoslavya Balkan Antantı'nı imzaladılar. Grubun başını çeken Türkiye, Bulgaristan'ı Romanya ile Dobruca çekişmesi, Sırbistan'ı da yine Bulgaristan'la Makedonya konusunda yaşadığı anlaşmazlıklar yüzünden ittifaka sokamamıştı. Arnavutluk ise Balkan komşularına karşı şüphe içerisinde olduğundan antantı imzalamaya yanaşmamıştı. Sonuçta Arnavutluk ve Bulgaristan'da Faşist İtalya ile Nazi Almanyası'nın etkisi gittikçe kuvvetlendi.

Öte yandan antant Sovyet Rusya'ya karşı değildi, Almanya'yı rahatsız etmesi de istenmemişti. Ama İngiltere ve Fransa ile yakınlaşma devam edecektir. Tek hedef Yugoslavya'nın ve Türkiye'nin ortak biçimde nefret ettiği Mussolini İtalyası'dır. Öte yandan Venizelos'un İtalya ile yakınlaşmasına dahi ses çıkarılmamıştır. Bu İkinci Dünya Savaşı'ndan evvel sanayii zayıf, ordusunu silahlandırmakta gereken yolu alamayan bir memleket için yapılacak en başarılı diplomatik çözümdü. Yeni Türkiye İttihatçı dönemin aksine diplomasiye çok önem vermekte ve başarılı olarak kullanmaktaydı.

Balkan Antantı anısına 1 Ocak 1940 tarihi itibarıyla basılmış olan pullar.

İngiltere ile Bağların Geliştirilmesi

İngiltere kabaca Cumhuriyet'in ilk on yılında Türkiye'nin en önemli düşmanı gibi görünürken, 1930'ların ortalarından itibaren İtalya ve Almanya gibi Akdeniz ve Güney Avrupa'da yayılmacı siyaset izleyen ülkeler karşısında Türkiye'nin ittifak yaptığı bir ülke haline gelmiştir, bu bakımdan önemlidir. Birinci Dünya Savaşı'nda ve ardından mütarekede karşı karşıya kalınan, uzun harbin mesuli ve kayıpların sebebi olarak görülen; sınırlarımızda, cephedeki baş düşman Britanya ile barışçı ve yapıcı bir döneme girmek bu yıllardaki Türk dış politikasının başarısıdır. İngiltere'nin Türkiye üzerindeki siyaseti, Atatürk'ün bilhassa İtalya'ya karşı İngiltere'ye dayanması, karşılıklı ittifak arayışları, faşizm-Nazizm ve demokrasi olgusu, Kral Edward'ın ziyareti ve nihayetinde 1939'da imzalanan ittifak anlaşması bunun neticesidir. Oysa Sovyet Rusya ile harbin arifesinde gerekli görünen ve beklenen saldırmazlık antlaşması yapılamadı. Stalinist Rusya'nın Ribbentrop-Molotov paktından önce ve sonra Almanyacılık yaptığı ve Türkiye'yi oyaladığı açıktı.

İngiltere Kralı VIII. Edward'ın Türkiye'ye yaptığı ziyaret 1930'ların ortalarından itibaren Türkiye ile İngiltere'nin yakın iş birliğine girdiğini göstermesi açısından ziyadesiyle önemliydi. (Eylül 1936)

Sadabad Paktı

Türkiye Balkan Antantı'nın yanında Orta Doğu ülkeleriyle de Sadabad Paktı'nı imzalayarak geniş bir bölgesel ittifaka gitmiştir. Büyük devletlere karşı bölgesel ittifak sistemine gitmek bu dönemde Kemalist Türkiye'nin dış politikadaki başarısıdır. Paktın hazırlık çalışmaları İran'ın reformatör şahı Rıza Pehlevi'nin Haziran 1934'te Türkiye'yi ziyaretiyle başlamıştı ve 8 Temmuz 1937 tarihinde Türkiye, İran, Irak, Afganistan hâriciye vekilleri Tahran'da bir araya gelerek bir anlaşma metni imzaladılar. Tören Şah Rıza Pehlevi'nin "Sadabad" denen, Kuzey Tahran'daki yazlık sarayında yapılmıştır. İmzalanan antlaşma 25 Haziran 1938'de yürürlüğe girmişti ve beş yıllıktı. Ancak taraflardan biri vaktinde çekilme isteği belirtmedikçe beş yıl daha uzayacaktı.

Sadabad Paktı Türk dış politikasının Lozan'dan sonraki içe dönme devrine de son vermiştir. Yine Türkiye'nin Orta Doğu'da etkin bir siyaset uygulamaya başladığının işaretidir. 1930'larda Balkan ülkeleriyle yapılan Balkan Antantı, ardından Hatay konusunda izlenen etkin dış politika Sadabad Paktı'nı da bu gelişmelerin bir parçası haline getirmiştir.

Sadabat Paktı üyelerinden İran'ın reformatör Şahı Rıza Pehlevi ve
Mustafa Kemal Paşa, Şah'ın uzun süren Türkiye ziyaretinde samimi görüntüler vermişlerdi.
(Haziran 1934)

Montreux Boğazlar Sözleşmesi

Türkiye, Lozan Antlaşması ile imzalanan Boğazlar Sözleşmesi'nin getirdiği kısıtlamalardan dolayı kaygı içindeydi. Zira 24 Temmuz 1923'te imzalanan Lozan Barış Antlaşması'na göre Boğazlar'da asker bulundurmak mümkün değildi. İhtilafın çözümü ve Boğazlar lehine uygulanması Türkiye'nin başkan olduğu bir komisyona aitti ve o yıllarda hatırat yazan asker, sivil birçok memurun da belirttiği gibi Boğazlar'ı korumak; köylü, çoban, işçi görünümlü, tebdil-i kıyafetle gezen askerî birliklerin göreviydi.

Dolayısıyla Boğazlar'ın statüsünde değişiklik yapılması teklifi imzacı devletlere duyuruldu. Başta İngiltere ve paralelinde Balkan Antantı Daimî Konseyi'nin de Türkiye'nin teklifini destekleme kararı ile Boğazlar'ın rejimini değiştirecek konferans, 22 Haziran 1936'da İsviçre'nin Montreux kentinde toplandı. Yapılan bir dizi görüşmenin ardından 20 Temmuz 1936'da imzalanan yeni Boğazlar Sözleşmesi ile Türkiye'nin kısıtlanmış hakları iade edildi ve Boğazlar, milletler arası suyolunun tabi olduğu hükümler hariç, Türkiye'nin tam askerî ve idari kontrolüne girdi. Karadeniz'e sahili olan memleketlerin gemilerinin Boğazlar'dan geçişi ise serbest bırakıldı. (Bahriye gemileri belirli müddet önce bildirerek geçebiliyordu.)

ULUS

21 TEMMUZ 1936 SALI

Fevkalâde sayı

ON YEDİNCİ YIL. NO: 5381 — ADIMIZ, ANDIMIZDIR — HER YERDE 5 KURUŞ

Atatürk Türkiyesinin Yeni Zaferi

Boğazlar mukavelesi bu gece Möntröde imzalandı.

Başbetke

İMZADAN SONRA

Falih Rıfkı ATAY

Bu akşam Montrö'de yeni boğazlar mukavelesi imza edilmiştir. Türkiye'nin tercih ettiği usul ne kadar dürüst, ve Türkiye, davasında ne kadar haklı ise, Montrö davetini kabul eden devletlerin Atatürk cumuriyetine karşı itimadı o kadar tam olmuştur. Reislerimize ve onların muvaffak arkadaşlarına şükran duyduğumuz sırada, yeni mukaveleyi imza eden devletlerin iyi niyet ve güzel samimiyetlerini hatırlamayı borç biliriz.

Boğazlar evimizin deniz kapılarıdır. Onların emniyeti üzerine titremek ve bunun icablarını yerine getirmek ne kadar hakkımız olduğunu herkes tasdik eder. Boğazlar, iki işlek deniz arasında enternasyonal her türlü münasebetler üzerine tesir eden geçitlerdir. Bu geçitlere sahib olmak vazifelerinin ne kadar nazik olduğunu takdir etmekte olduğumuzda hiç kimsenin tereddüdü olmamak lâzımgeldiğini bir daha tekrar etmek isteriz. Bizim milli politikamızın iki sarsılmaz temeli vardır: Biri, kendi müdafaamız hususundaki kıskanç dikkatimiz; öteki bütün milletlerin emniyet ve hürriyetlerine karşı titiz itinamızdır. Montrö daveti bu dikkatin eseri idi: Boğazların bundan sonraki idaresinde her zaman o itina hissedilecektir.

Yeni medeniyetimizi, halk yığınlarımızın saadetini tamamlamak için sây güvenliği ve sulh istiyoruz. Cumuriyet iktidarının en ağır mesuliyeti, bunları her türlü tehlike ihtimallerinden korumaktır. Yeni zamanların genç bir devleti olarak, bütün kudretimizin, enternasyonal sây ve sulh emniyetlerini sağlayabilecek her türlü tedbir ve teşebbüslere yardım etmeye hazırlanmak zorundayız. Türk silahı nerede bulunursa orada bir tehdid değil, [illegible] tecelli eder.

Boğazlar tam idare ve mesuliyetimiz altına girmekle, sulh, [illegible].

Bugün türk milletinin, milli emniyeti namına bayram yapmaya hakkımız olduğu kadar, sulhu seven milletler, boğazlar meselesinin halledilmesinden aynı şevk ile sevinseler o kadar yerinde olur.

Büyük Reisimize, onun büyük Başvekiline minnetlerimizi ve dünya karşısında barışçı Türkiyeyi reislerinin teveccühüne lâyık büyük bir kudret ve dürüstlükle temsil eden Tevfik Rüştü Arasla arkadaşlarına teşekkürlerimizi sunmalıyız.

Mukavele imzalandı

Montrö, 20 Acele — (Hususi surette Montröye giden arkadaşımızdan) Yeni boğazlar rejimi mukavelesi şimdi burada büyük törenle imzalandı. Ayrıca tafsilât vereceğim.

Ulus — Tafsilât, sabahleyin çıkacak ikinci baskımızdadır.

Büyük reisimize, onun büyük Başvekiline ve dünya karşısında barışçı Türkiyeyi reislerinin teveccühüne lâyık büyük bir kudret ve dürüstlükle temsil eden T. R. Arasla arkadaşlarına teşekkürlerimizi sunmalıyız.

Montreux Boğazlar Sözleşmesi, Lozan Barış Antlaşması'nın Boğazlar üzerinde getirdiği bazı kısıtlamaları kaldırması açısından Atatürk Türkiye'sinin elde ettiği büyük bir başarıydı.

Hatay'ın Ana Vatana Katılması

1920 yılında Fransa ile yapılan Ankara Müsalahası'na göre Hatay'ın kaderi ileride yapılacak bir referandumla belirlenmek üzere Fransız işgal yönetiminin uhdesine bırakılmıştı. O tarihte "İskenderun Sancağı" olarak anılan Hatay'da halk bölgelerinden "sancak", sakinlerinden de "sancak sakinleri" ve "sancak halkı" diye söz ederdi. Sancağın nüfusu kozmopolitti; Türkiye Cumhuriyeti'nin ilhakından evvel beklenmedik sorunlar da çıktı; "Ne geleceği belirsiz Suriye ne de Türkiye; Fransa" diyenler de vardı. Oysa Fransa bu problemli bölgeyi elde tutmak için o kadar istekli değildi, daha doğrusu yaklaşan savaşta Türkiye Cumhuriyeti'nin ittifakını tercih etti. 1937'de Paris'te karar verilen bağımsızlık projesi, 5 Temmuz 1938'de Hatay-Türk Cumhuriyeti olarak gerçekleşti, 1939'da da Hatay Türkiye'ye katıldı.

Atatürk 1930'lı yıllar boyunca Hatay meselesinin ısrarlı bir takipçisi oldu. Hatay sorunu ısrarla takip edilmeseydi ve denge oyunlarından iyi istifade etmek suretiyle 1939'da ana vatana dâhil edilmeseydi bugün Akdeniz'e bir unsur daha çıkmış olurdu.

Türk askeri Atatürk'ün kararlı ve tutarlı politikası sayesinde 5 Temmuz 1938 günü Hatay'a girerken, Hatay 23 Temmuz 1939 tarihinde resmen Anavatan'a katılmıştı.

Yurtta Sulh, Cihanda Sulh

Bir asker olmasına rağmen Atatürk'ün barıştan yana olması bizim için büyük bir şanstır. Dünyada böyle insanlar azdır. Onu evrenselleştiren durumlardan biri budur. Başkumandan Meydan Muharebesi sonrasında muharebe meydanında kalan Yunan ölülerine de üzülmüştür. Zaten "Mecburiyet olmadıktan sonra her savaş bir cinayettir" derken bunu kastetmiştir. Hamaset, devlet yönetirken büyük felaketlere yol açabilir. Atatürk, gerçekçi bir adamdı ama cesurdu da. Sınırları biliyordu. Her şeyin bir zamanı olduğunu da... "Yurtta sulh, cihanda sulh" sözü makul ve mantıklı bir ilkeydi. Türkler harb etmesini bildiği gibi sulhu yaşatmasını da bilirdi. Atatürk bunu uyguladı. Bugünkü dış politikamız bile bu işlerin öyle oturduğun yerden "asarız, keseriz" demekle olmadığının bariz bir göstergesidir. Atatürk dönemi Türk dış politikasında itidalli bir anlayış benimsenmiş ve önemli uluslararası kazanımlar sağlanmıştır. Ne var ki o dönem maalesef Musul meselesi halledilememiştir. Zira Hatay kadar ilgi çektiği ve üzerine düşüldüğü söylenemez.

Atatürk dönemi Türk dış politikasında itidalli bir anlayış benimsenmiş ve önemli uluslararası kazanımlar sağlanmıştır.

Cumhuriyet, Osmanlı'dan Neler Aldı?

Yeni Türkiye iddia edildiği gibi bir enkaz üzerinde kurulmadı. Yani sıkıntı çoktu ama bir devlet geleneği vardı, köksüzlükten söz edemeyiz. İmparatorluk genç Cumhuriyet'e parlamentarizm, siyasi parti, basın gibi siyasal kurumları miras olarak bıraktı. Cumhuriyet ilk anda eğitim sistemini, üniversiteyi, yönetim örgütünü, mali sistemini imparatorluktan miras aldı. Tabipleri, fen insanları, hukukçuları, tarihçi ve filologları son devrin Osmanlı aydın kadrolarından çıktı. Cumhuriyet'in devrimcileri bir Orta Çağ toplumuyla değil; son asrını modernleşme sancıları ile geçiren imparatorluğun kalıntısı bir toplumla yola çıktılar. Bugünkü Türkiye'nin siyasal-sosyal kurumlarındaki sağlamlık ve zaafın bilinmesi, son devir Osmanlı modernleşme tarihini iyi anlamakla mümkündür. Zira Osmanlı'nın son yıllarındaki modernleşme çalışmaları Cumhuriyet'i kuran kadroların fikir dünyalarını etkileyecek altyapıyı sağlamıştı. Vakıa, Cumhuriyet'in köklerinde Osmanlı var. Bu açıdan bakıldığında Osmanlı'nın halefi Türkiye'dir ve bir "redd-i miras" hakkına sahip değildir. Zira mirasın sorunları yeni Türkiye'nin önüne koyuluyor. Güzelliklerle de yeni Türkiye'ye sadakat ve hayranlık ifade ediliyor.

Cumhuriyetin devrimcileri bir Orta Çağ toplumuyla değil; son asrını modernleşme sancıları ile geçiren imparatorluğun kalıntısı bir toplumla yola çıkmışlar ancak buna karşılık modernleşme konusunda kısa zamanda büyük başarı sağlamışlardı.

Atatürk ve Batılılaşma

1930'ların Türkiyesi'nde Batı mefhumu, Hristiyan Batı Avrupa'yla aynîleştirilen bir mefhum değildir. Ayrıca aynı dönemde Türk tarih ve kültürünü Şark ve Garb gibi dar kavram ve coğrafyalara hapsetmemek eğilimi görülmektedir. Herhangi birine değil, zamanlara ve mekânlara yayılmış bir Türk medeniyeti görüşü vardır. Türkiye'de Batılılaşma Hristiyan dinine de bigâne ve onu dışlayan bir tavır içindedir. Kültürel değişmenin başını çekenler, Batı kültürünü Batı'daki dinden bağımsız olarak ele alıyorlardı ve yorumlarında da kısmen haklıydılar.

1923 sonrasında Cumhuriyet, Medenî Kanun'u getirdi, böylece hukukun Romanizasyon sürecini tamamlanmış oldu. Ayrıca iktisadi sistemin de düzeltilmesi için çalışmalara başlandı, köyden aşar da kaldırıldı. Bunlara ek olarak tabii sağlık ve eğitim alanında önemli reformlar hayata geçirildi. İki asırdır Batı orduları karşısında savaşabilmek ve direnebilmek için yeni ilimleri, teknikleri öğrenmek zorundaydık. Nitekim öğrendik ve geliştirdik. Batılılaşmak için Batılılaşmadık, ayakta kalmak için Batı'nın kurumlarını aldık ve devam ediyoruz. Bugün de bu kurala uymak, Batı-Doğu kavgasından kaçınmak zorundayız.

Atatürk Türkiyesi "Batılılaşmak" için Batılılaşmayan, bilakis ayakta kalabilmek maksadıyla o dönemde "muasır medeniyet" olarak görülen Batı'nın kurumlarını örnek alan bir anlayışı benimsemiştir.

Yeniliklere Genel Bakış

1923 yılında gelen yenilik Meclis'ten ibaret değildir, rejim değişti. Saltanat bitti, Cumhuriyet geldi. Devlet ortadan kalkmadı, bir devamlılık içinde sadece rejim değişti. Başkaları ülkemize "Türkiye", Turquie, Turchia diyordu; biz de kendimize ilk defa "Türkiye" dedik. Ama 1923 sonrası yaşananlar 1923 kadar önemlidir. Mustafa Kemal Paşa dönemi hukukçularının ve meclisin Medenî Kanun'u kabulüyle, hukukun Romanizasyon sürecini tamamlandı. O dönemde iktisadi sistemin ıslahına geçildi ve köyden aşar vergisi kaldırıldı. Eğitim ve sağlıkta da ciddi reformlar yapıldı. Her toplumun yenilenmesi gerekir. Yenilenme olmadan hiçbir kurumu yaşatamazsınız. Türkiye, Cumhuriyet ile değişti.

Türkiye İkinci Dünya Savaşı'na girmedi, birikim yapıldı. O birikimle yeni endüstriye girdik. Batı'nın askerî yeniliklerle gelişen ordularına karşı neredeyse iki asırdır mücadele edebilmek için teknik olarak ilerlemek ve yeni bilimleri öğrenmeliydik. Bunu yaptık da. Tabii bunları yaparken amacımız Batılılaşmak için Batılılaşmak değildi. O zaman 19. asırda da Batı'da gelişen kurumları alıp kullandık, kullanıyoruz.

İstikbali göklerde gören Atatürk Harp Akademileri'nin düzenlediği manevralarda önemi giderek artan savaş uçaklarının geçişini izliyor. (Mayıs 1936)

Dil, Tarih ve Coğrafya

Atatürk dâhi bir kurmay ve kurucu önder sezgileriyle, İstanbul ve Ankara Üniversitesi'ni teşkilatlandırmış ve ilgili fakültelerinin adını da "Dil ve Tarih-Coğrafya Fakültesi" koymuştur. Çünkü dilsiz ve coğrafyasız tarih yapmanın imkânı olmadığını çok açık bir şekilde görmüştür. Bu teşebbüs 1930'larda başlamıştır. İlk mezunlar Halil İnalcık, Muazzez İlmiye (Çığ) gibi kimselerdir. Henüz ortada Ankara Üniversitesi yoktur, Siyasal Bilgiler Okulu (Mekteb-i Mülkiye) nakledilmiştir, Ziraat Enstitüsü ve hukuk devrimi yapılsın diye kurulan Hukuk Mektebi vardır. Ama asıl parlak unsur Dil ve Tarih-Coğrafya Fakültesi'dir. Bu kurumun kütüphanesine müthiş paralar harcanmış, dil, tarih ve coğrafyayla ilgili pre-historia, jeoloji, arkeoloji gibi bütün şubeler teşekkül ettirilmiştir. Bunları yaptığınız zaman, düşünce ve bilgi bakımından birinci kulvarda, gelişmiş memleketlerle yarışırsınız. Belki sizin endüstriniz yok, tahılla, incir, üzüm ve tütün ihracatıyla geçiniyorsunuz ama esas olan zamanları ve mekânları öğrenmektir. Dolayısıyla buralardan yeni entelektüeller çıkarılarak zamanların ve mekânların öğrenilmesi amaçlanmıştır.

Atatürk, Ankara'da düzenlenen I. Türk Tarih Kongresi'hi takip ederken Mareşal Fevzi Çakmak, Dr. Refik Saydam ve Şükrü Kaya ile beraber görülüyor. (Temmuz 1932)

Türk Dil Kurumu

Türk Dil Kurumu ya da ilk adıyla Türk Dili Tetkik Cemiyeti, lisanımızı incelemek ve gelişmesi için çalışmak maksadıyla 12 Temmuz 1932'de kurulmuştur. Atatürk'ün dil devrimi gibi bir kavramı bolca kullandığı, hatta benimseyip üzerinde durduğu söylenemez. Bu konuda bir deneme yapılmış, bir moda yaratılmıştır; ancak amir hükümler içeren kanunlarla ve kanunun öngördüğü sözlüklerle yeni bir kelime hazinesinin kullanımı emredilmiş değildir. Dilde evrimleşme 1930'larda Türkiye'de kabul edilen bir gerçek olarak görünüyor. Bürokrasinin dilini sadeleştirmek ve halka indirmek, kısmen de şive farklılıklarını ortadan kaldırarak millî standart bir aydın Türkçe (eğitim Türkçesi) yaratmak isteyen dilcilik hareketi, maalesef aşırılığa ve yeni bir Osmanlıca yaratmaya kadar varmıştır. Bu akımın karşısındakiler de eski Osmanlıcayı savunanlardır. Gramer, tarihi filoloji ve fonetik tetkikleri yapılmayan ülkemizde bu alanda bir kör dövüşü yaşanmaktadır. Tabii gramer ve dil eğitimi ve bilgisinin gelişmediği bir ortamda bu, olumsuz bir sonuçtur.

Türk Dili Tetkik Cemiyeti'nin Atatürk başkanlığında yaptığı bir toplantı... Atatürk'ün solunda Afet İnan ve Ruşen Eşref Ünaydın hemen sağında ise Reşit Galip görülüyorlar. (Ocak 1933)

Türk Tarih Kurumu

Kemalist dönemde Türk tarihçiliğinin Türkiye tarihçiliği olmaktan çok, romantik bir yaklaşımla Asya bozkırlarına uzandığı, efsanevi açıklamalara başvurulduğu veya cumhuriyetçi bir refleksle yakın geçmişin haksızca karalandığı öne sürülmüştür. Dönem boyunca milliyetçi bir iklimin Türk tarih yazıcılığını etkisi altına aldığı, bunun bazen aşırı ölçülere varan bir moda olduğu gerçektir. Zira dış dünya şartlarının zorlaması Avrupa uluslarının aşırı milliyetçi tarih tezlerini benimsemesine yol açmıştı. 1930'lar Türkiye'sinin bu hava dışında kalması kolay değildi. 1931 yılında kurulan Türk Tarihini Tetkik Cemiyeti (sonraki Türk Tarih Kurumu) ise sınırlı üyesi olan, kendi içinde yayın ve araştırmaları destekleyen bir kuruluştu. Bu noktada Cumhuriyet tarihinin sorunları ve yorumu üzerindeki tartışmasız tezlerin dışında, umumi bir tarih tezinin tutunamadığı ve desteklenmediği açıktır. Bizzat Atatürk'ün etrafındaki tarihçiler ve tarih meraklısı devlet adamları daima birbirine ters ve değişik yorumlar getirmişlerdir. Öyle ki, öne sürülen tarih tezleri bu çevrenin dışındaki kimselerce de tenkit edilebilmiştir.

Atatürk, II. Türk Tarih Kongresi
katılımcıları ile beraber... (Eylül 1937)

Atatürk ve Münevverler

Kemalizm'in eğitim konusunda Türklere fakir veya zengin, göçmen veya yerli halk olsun büyük imkânlar sunduğu bellidir. Aydınlarla (münevverlerle) olan mücadelesi ise bilhassa sol çevrelerde ve mutaassıb Müslüman çevrelerde tekrarlanagelmiştir. Rejimin bilhassa Müslüman örgütler karşısında çok hassas davrandığı açıktır. Uyuşamadığı çevrelerin başında hilafetçi ideolojiyi benimseyenler vardır. Bu bir iktidar kavgasıdır. Hatta Kurtuluş Savaşı'nın generalleri arasında bile sürtüşmelere sebep olmuştur.

Aynı hassasiyeti yapısal olarak zaten ciddi bir örgütlenmeye ulaşamayan Komünistler karşısında gösterdiği ise söylenemez. TKP'liler tavırlarında ısrar etmedikleri veya rejimle uyuştukları takdirde kabul görmüşlerdir. Bu alanda bilhassa Kemalist dönemin okumuş kesimine karşı tavrı babayanidir. Okumuşların felaketi asıl 1938'den sonra başlar. Daha evvel kabul görmüş düşünceleri savunanlar, yazanlar bu dönemden sonra suçlanmaya başlamıştır. 1938 sonrası gerilimdir ki bu grupları birbirleriyle daha çok çatışmaya itmiştir. Nitekim 1947'den sonra *Tan* Gazetesi olayıyla birlikte üniversiteler çok ağır sarsıntılar geçirmiştir. Kurumlaşmış sağ-sol çatışması bu noktada başlar.

Atatürk Türk kadınının dünyanın en münevver, en faziletkâr ve en ağır kadını olması gerektiğine içtenlikle inanmış ve bunun gerçekleşebilmesi için fakir veya zengin, göçmen veya yerli halk olsun, Türk toplumuna büyük imkânlar açan bir lider olmuştur.

Millî Eğitim Politikası

Cumhuriyetin ilanı ile beraber çok önemle ele alınan konulardan biri ülkenin eğitim düzeyinin yükseltilmesiydi. Bunun için bütün sıkıntılarına rağmen Türkiye Cumhuriyeti okumak isteyen yetenekli gençlere muasır dünyanın ölçüleri dışında imkân verdi. Türkiye Cumhuriyeti'nin bu konuda yakaladığı ivme ancak Sovyetler Birliği'ndeki hızlı okullaşma, sosyal eşitlik (hatta proleter kökenliler için pozitif; yani ayrımcı) ile mukayese edilebilirdi. Burada tarih ve coğrafya alanlarında önem verilen eğitimin bir amacı vardır: Yerkürenin coğrafyasını ve tarihini benimsemek. Bir ulusun söz sahibi olması buna bağlıdır. Açık konuşalım: Atatürk'ün ölümüne kadar önemli başarılar gösteren bu çaba sonra tavsadı ama Türkiye o vakte kadar var olan eğitim kurumlarının, kültürel faaliyetin derlenip toplanmaya ve kurumlaşmaya başladığı bir alandı. Üstelik bu, devrin savunma masraflarının aleyhine yapıldı. Kararı verenler Birinci Dünya Savaşı'nın general ve mareşalleridir. Asıl olanın toplumun eğitimi ve uzun süren On Yıllık Harb (1912-1922) döneminde kaybettiğimiz aydın gençliğin telafi edilmesi olduğu çok açıktır.

“Başöğretmen” Atatürk kamuoyuna yeni Türk harflerini öğretirken görülüyor. (Kayseri, 20 Eylül 1928).

Üniversite Reformu

Türkiye 18. yüzyıldan beri Batı tipi eğitime ve bilime kapılarını açmıştır. Bunda askerî modernleşmenin öngördüğü alanların (mühendislik, tıp, veterinerlik, kimya, eczacılık) önde gelmesine rağmen yavaş yavaş 19. asırda hukuk, maliye gibi dallara da önem verilmiştir. Ama eksiklik de vardı. Bu süreçte yer yer mutedil yer yer radikal dönüşümler gerçekleştirilmiştir. 1933 yılı o radikal dönüşüm noktalarından biridir. Zira 1933'ten sonra Türk üniversiteleri, İstanbul Üniversitesi model olmak üzere, ayrı bir ortamda doğup gelişmiştir. Ancak bir olay var ki üniversite reformu açısından çok mühimdir. Zira Nasyonal Sosyalistlerin baskılarından kaçan Yahudi ve solcu Alman profesörlerden, yani ülkelerinde bir anda kapının önüne konulan bu seçkin zevattan Atatürk istifade etmeyi bilmiştir. Hirsch, Schwarz, Neumark, Landsberger, Nissen, Schwartz gibi fevkalade derin bilginler bilhassa Hukuk Fakültesi'nde hukuk reformunun gelişmesine yol gösteren seçkin Alman hukukçuları, Tıp Fakültesi'nde eskiler ve onların temsil ettiği Fransız sistemiyle rekabet yaratan hekim hocalar Türk üniversitesine fevkalade büyük katkılarda bulundular. Ne var ki 1947 yılı talebe hareketleri özellikle de dil, tarih ve hukuk alanında bu Alman hocalar grubunun büyük ölçüde Türkiye'yi terk etmelerine neden oldu.

Esasında Türkiye'den ayrılmaya niyeti olmadığı halde bu nedenle ABD'ye göçenlerin (Benno Landsberger gibi), Doğu Almanya'ya gidenlerin, Walter Ruben gibi artık eve dönebiliriz diyerek Almanya'ya dönenlerin yanında, DTFC'den önemli Türk bilimciler de yurt dışına çıktı (Muzaffer Şerif, Pertev Naili Boratav, Niyazi Berkes gibi). İnatla burada kalan Behice Boran gibi Türk hocalar ve Robert Anhegger gibi Alman ve İsviçre pasaportlu mülteciler de vardı.

1933'ten sonra Türk üniversiteleri, İstanbul Üniversitesi model olmak üzere, ayrı bir ortamda doğup gelişmiştir.

Mekteb-i Mülkiye (Siyasal Bilgiler Fakültesi)

Mekteb-i Mülkiye-i Şahane (Siyasal Bilgiler Fakültesi) 1859 yılında kuruldu. İdareci; yani mülki amir, maliye müfettişi ve diplomat yetiştirmek için düşünülmüştü.

1878 Aralık'ında Sultan II. Abdülhamid'in fermanıyla sultani bir mektep derecesinden (seçkin lise) yüksek tahsil veren bir okula çevrildi. II. Abdülhamid, Mülkiye mezunlarına önem veriyordu. Yıldız Sarayı'ndaki kadrolara her zaman mektebin derece ile mezun olanlarını almıştır.

Mülkiye 1936'da Harbiye ile birlikte Ankara'ya nakledildi. Cebeci Çayırı'nda sonradan kurulan Devlet Konservatuvarı, eski Adliye Bakanlığı'nın içinde yer alan eski Hukuk Mektebi'nin nakliyle birlikte Cebeci semti başkentin irfan muhiti olarak teşekkül etti. Mülkiye talebesinin opera ve temsillere gitmesi, konser dinlemesi, mektebte adab-ı muaşeret kurallarına uygun olarak yapılan servisle öğlen ve akşam yemeklerini yemesi usuldendi.

Özet olarak, Mekteb-i Mülkiye-i Şahane iyi bir okuldu. Kendine göre eğitimi ve modern bir havası vardı. Devlet hayatımızda bilhassa milletvekilliği ve bakanlıkları dolduran değişik görüşten Mülkiyelilerin hukuki ve idari konularda aklıselim etrafında birleştiğini gördük.

Mekteb-i Mülkiye-i Sahane (Siyasal Bilgiler Fakültesi) 1859 yılında kurulmuş, 1936'da Harbiye ile birlikte Ankara'ya nakledilmişti.

Almanya'dan Gelen Profesörler

Hitler faşizmi sırasında Almanya'nın sosyalist, Yahudi ve diğer kategorideki liberal münevverlerinin maalesef sığınacakları ülke yoktu. Birçok Avrupa ülkesi ve en başta Amerika Birleşik Devletleri antisemitizmin ve infiratçılığın içinde bugünkü nutukların ve havanın aksine mağdur insanları kabul etmiyordu. Bunu hatta vize kuyruklarında bekleyen sıradan insanlara değil, seçkin münevverlere bile gaddarca uyguluyordu. Atatürk Türkiye'si bu insanlara kucak açmıştır. Mesela, Bruno Taut... Hitler'in zulmüne uğrayan asrın büyük mimarlarından biridir. Bu köşeye sığınmıştır, Türkiye'ye. Çünkü başka sığınacak yeri yoktur. Efendim, "kullanmış, ihtiyacı varmış"... Evet, başkalarının da ihtiyacı vardı, paraları da vardı fakat almadılar. Biz aldık. Bu kadar açıktır. Ve 1930'lu yılların üniversite reformu kapsamında Almanya'dan gelen bu akademisyenler çok değerli işler yaptılar. Ancak yükseköğretimde yapılan her türlü iyileştirmeyi üniversite reformuna bağlamak da doğru değildir. Bu bir abartma olur.

Dil ve Tarih-Coğrafya
Fakültesi Binası, Ankara.

Yurt Dışına Gönderdiği Öğrenciler

Atatürk eğitime çok önem veren, cehaletin yok edilmeden hiçbir yol alınamayacağına inanan; eğitimi, değişimin başat unsuru olarak düşünen bir liderdi. Millî Mücadele yılları dâhil, her şartta eğitim toplantıları düzenleyebilecek kadar eğitimi önemsiyordu. On yıllık savaş döneminden çıkmış, eğitimli nüfusunun çoğunu bu savaşlarda kaybetmiş ve yeni kurulmuş bir ülkenin zayıf kaynaklarına rağmen yurt dışına öğrenci yollamıştır. Bu dönemde sadece teknik dallar değil arkeoloji, filoloji ve hatta Bizans tetkikleri için de öğrenciler gönderildi. Jale İnan, Şahap Kocatopçu, Sadi Irmak, Akdes Nimet Kurat, Enver Ziya Karal, Sabahattin Ali, Sebahattin Eyüboğlu... Arkeoloji için gidenlerden Ekrem Akurgal ve Hititoloji'nin babalarından sayılan Sedat Alp önemli bilginler oldular. Bizantinistik için gönderilen dört gencin bu dalda kalmadığı, dolayısıyla bu dalı geliştiremediği açık. Yabancı lisana ise ayrı bir önem vermiştir. Kendisi çok iyi derecede Fransızca ve yeterli derecede Almanca bilirken, Cumhuriyet'in genç kuşaklarının da yabancı lisana aşina olmasını istiyordu. Dolayısıyla yurt dışına gönderilen öğrencilerle kısa vadede bu eksikliğin bir nebze olsun giderilmesini düşünmüştü.

Atatürk Türkiyesi, yeni kurulan bir ülkenin zayıf kaynaklarına rağmen, "sonradan alev şeklinde ülkesine dönecek kıvılcımlar" olarak gördüğü öğrencilerini yurt dışına öğrenci yollayabilmiştir.

Din Algısı

Osmanlı Devleti dinî toleransa sahipti ve kamu hayatında geniş ölçüde, özel hukuk alanındaysa kısmen din dışı hukuk uygulamalarına başvurmuştur. Ama şeriatla yönetilen bir devletti. Çünkü toplumlar dini ayırıma göre kompartıman usulüyle, millet esası içinde yönetilirdi. Devlet topraklarını kaybettikçe Osmanlı padişahları hilafet kurumuna ve unvanına dört elle sarıldılar. Panislamizm 19. yüzyılda resmî ideoloji halindeydi. Devlet, Batı dünyasına karşı gerekli reformlara giriştiğinde, laik sistem de ister istemez devreye girmeye başladı.

1924 yılı Mart ayında hilafet ilga edildi ve hanedan üyeleri yurt dışına çıkarıldı. Halifelik bugün olsa, siyasi bir konuma çevrilmiş olmasından ötürü zaten yürümezdi. Bu nedenle yeni Türkiye, Tevhid-i Tedrisat ve Hukuk devrimiyle laik kurumların temelini radikal bir biçimde attı. Bu, son Osmanlı asrının yarattığı ikiliği ortadan kaldırdı. 1928'de Türkiye Cumhuriyeti Anayasası'na laikliğin ilke olarak girmesi bu gelişmelerin bir sonucudur.

Hukukî sistemde ikilik ki Osmanlı Devleti'nin son asrında oluşmuştur, Türkiye'de hukuk devrimiyle sona erdirilmeye çalışılmıştır. Atılan bu adımlarla Türkiye Cumhuriyeti modern toplumlarda görülen yönetim sistemine ve siyasal yapıya geçişi hızlanmıştır.

Ezanı Türkçeleştirme konusu ise farklıdır. Bu dönemde halkın inandığı dinin emir ve yasaklarını hakkıyla idrak edebilmesi için Türkçeyi merkeze alan bir anlayışın yerleşmesi amaçlanmıştır. Bu Ziya Gökalp'ten gelen bir düşüncedir. Ezanın Türkçe okunması da aynı paraleldeki bir uygulamadır. Kaldı ki taşrada ezanı Türkçe okuduktan sonra müezzin minare merdivenlerinden inince, aşağıda Arapçasının tekrar okunması çok yaygın bir tavırdı. Daha sonra Türkçe ezanın kaldırılması teklifi de ilk Halk Partisi'nden gelmiştir. Sonra da CHP eskiye dönüşü desteklemiştir. Ayrıca Türkçe ezan kaldırılmamış. Arapça ezan cezaî takibattan kurtulmuştur. Fakat bu seçim hakkı Türkçenin yerine Arapça ezanın tamamen uygulanmasıyla kaçınılmaz sonuca dönüşmüştür.

Halkevleri

1930'larda Serbest Fırka denemesinden sonra, çok partiye geçişin uzun bir zaman için tehir edileceği artık anlaşılmıştır. Tek parti rejimi oturacaktır. CHP artık rejimin sahibi ve kesinlikle devlet partisidir. Şu halde CHP umdelerini (6 Ok'u) yerleştirmek için artık örgütlenmesini de ona göre tamamlayacaktır. İttihat ve Terakki'den beri süregelen ve o tarzı koruyan Türk Ocakları'nın lağvedilip, partinin kontrolünde halkevlerinin kurulması bu anlamda önemli bir adımdır. Halkevi başkanları, mahallî mülki amirlerdi. Bunlar aynı zamanda da o yerin parti başkanıydılar. "İkincil Gruplar" denen okul, kulüp, STK, dernek, vs. 1930'lar Türkiye'sinde yoktu. Sadece halkevleri vardı. Halkevleri ile inkılabın ideolojisi empoze edilecekti; bunda da muvaffak olunmuştur. Halkevlerinin bir fonksiyonu daha vardır; mahallî tarihçilik, mahallî folklor araştırmaları geliştirilmiştir. Bununla beraber 1951 yılında, Demokrat Parti iktidarında çıkarılan kanun ile tüm halkevleri kapatılmıştır. Demokrasi döneminde, ikincil grupların olmaması ilk etapta bir boşluk doğurmuştur. Bunu parti gençlik kolları doldurmaya çalışmıştır.

Halkevleri ile Türk inkılabı ideolojisinin empoze edilmesi amaçlanmıştı; bunda da muvaffak olunmuştur.

Arkeoloji ve Müzecilik

Arkeologyayı üniversiter bir bilim haline getiren doğrudan doğruya Cumhuriyet'tir ve Atatürk'ün talimatıyla olmuştur. Arkeolojinin en önemli dalı olan filoloji bu dönemde tamamlanmıştır. Çünkü Osmanlı arkeolojisinde filoloji unsuru son derece zayıftı ve bu eksiklik Cumhuriyet'te tamamlanmak zorunda kalınmıştır. Yine Ankara'daki Hitit Müzesi dediğimiz arkeoloji müzesi, bundan bir müddet sonra Etnografya Müzesi ve ilk defa önemli bir tarikat müzesi olarak Konya Müzesi teşkilatlanmıştır.

Öte yandan asıl önemli arkeolojik buluntular da 1924'ten itibaren görülür. Bu kazılar başlar başlamaz bilim dünyasında sarsıntılar meydana gelmiştir. Anadolu'nun her tarafında kazılar birbirini izlemeye başladı. Bunlar Türkiye için yeni bir görünümdür. Demek ki üç safhayı attattık: birincisi filoloji, ikincisi müzelerin teşkili ve üçüncüsü hafriyatı doğrudan doğruya bizlerin yapması. Bu arada yabancı bilim heyetlerine de izin verilmekte ancak bunların kontrol ve iş birliği rejimi değişmektedir. Bu bakımdan 1920'lerin ve 1930'ların arkeolojisi çok önemlidir.

Atatürk kız kardeşi Makbule Atadan, manevi kızları Afet İnan ve Sabiha Gökçen ile beraber Dolmabahçe Sarayı'nda düzenlenen "Tarih Sergisi"ni gezerken görülüyor... (20 Eylül 1937)

Kadro Hareketi

"Kadrocular" ya da "Kadro Hareketi"; Yakup Kadri Karaosmanoğlu, Burhan Asaf Belge, İsmail Hüsrev Tökin, Şevket Süreyya Aydemir ve Vedat Nedim Tör'ün başını çektiği ekipçe neşredilen *Kadro* Dergisi etrafında toplanmış harekettir. Esasında *Kadro* Dergisi'nin kurulup çıkarılmasını bizzat Mustafa Kemal Paşa istemiştir. Derginin Kemalizm'in ideologluğunu yapması düşünülmüştür. Ancak tarihi ve şartları itibariyle Türkiye'nin bilinen Marksist sosyalizmi kuramayacağı, aynı şekilde kapitalist ülkelerle sadece kapitalist sınıfın sömürüsü ve o devletin kapitalizm hizmetindeki emperyalist politikasıyla çatışmaktan da öte, azgelişmiş ülkelerin mazlum halklarının gelişmiş sanayi ülkelerinin proletaryası ile bir birlik kuramayacağını ileri süren yazarlar da *Kadro* Dergisi etrafında toplandılar. Bu katılımın da etkisiyle dergide yayımlanan yazılar zamanla rejim aleyhtarlığı ile eleştirilir ve büyük tepki alır. Recep Peker'in başını çektiği bir grup derginin ivedi şekilde kapatılmasını talep eder. Mustafa Kemal Paşa'nın da onayıyla dergi 1935 yılında, henüz 36 sayısı yayımlanmışken kapatılır.

Yazarları cezalandırılmaz, gönül alıcı işlerde bırakılırlar: Yakup Kadri Bey elçiliklere ve büyükelçiliğe, Burhan Asaf ataşeliklerden birine, Şevket Süreyya Bey İktisat Bakanlığı'nda genel müdürlüğe, Vedat Nedim ise propagandaya başarılı (*La Turquie Kemaliste*) şekilde devam eder. Rejimin ihtisas sahibi ve yaratıcı insanlara ihtiyacı vardır; o günkü solun bu şartlara sahip mensupları önemli yerlerde istihdam edilir.

Atatürk Kadro Dergisi'nin kurulup çıkarılmasını bizzat istemiş ve bu yolla derginin Kemalizm'in ideologluğunu yapmasını düşünmüştür.

Opera

Atatürk askerî ataşe olarak görevlendirildiği Sofya'daki ilk günlerinde operaya gitmişti. Bulgar operasının ulaştığı düzey onu hayran bırakmıştı. Yakın arkadaşı Zümrezâde Şakir Bey'e bir temsilden sonra, "Bu adamların ulaştığı düzeye ulaşmamız gerekir" demişti. İran Şahı Rıza Pehlevi 1934 yılında Türkiye'ye geldiğinde Reisicumhur Atatürk'ün "Özsoy" operasını temsil ettirmesinde bu olayın payı aranmalıdır. Aslında opera mevzuu Abdülmecid'ten başlayan bir meraktır. Türkiye'de zaten vardı. Sarayda da var, Beyoğlu'nda da, İzmir'de de, Selanik'te de var. Atatürk Türk musikisini bilen bir insan. Fakat bu çok iyi bildiği musikiye rağmen Garp musikisinin bilhassa çok sesli, çok örgütlü opera, senfoni gibi renklerinin önemi üzerinde fazlaca duruyor ve bunu kurumlaştırıp, yaymak istiyor. Nihayetinde operayı kuracak atılımları yapıyor ve 1934 yılında "Özsoy" operası sahneleniyor. Tek perdelik bir şey olmasına rağmen Atatürk tarafından gerçekleştirilen müzik devriminin örnek eseridir. İran Şahı gördüklerinden çok etkilenmiştir.

Opera Binası, Ankara.

Latife Hanım ile Evliliği ve Ayrılmaları

Latife Hanım'la Gazi'nin kısa süren evliliği hakkında çok şey yazılıp çizilmiştir. İzmir'in kurtuluşundan itibaren İsviçre'de okumuş olan Latife Hanım, Gazi Paşa ile tanışmış, bilhassa medeni cesareti, yabancı dil bilgisi (üç dili okuma ve yazmayı biliyordu) ve Avrupa'yı izlemesi ile Başkumandan'ı etkilemişti. Bu özellikleri Gazi Paşa'ya "model devlet reisi eşi böyle olmalıdır" diye düşündürmüştü.

Ancak Latife Hanım'ın bir Türkiye reis-i cumhurunun eşi olmanın ne olduğunu pek de iyi anlamadığı açıktır. İkincisi, Türkiye'de bir mareşalin ne olduğunu da bilmiyordu. Böyle lider bir kumandanın eşinin, fazla otoriter tavrını bazı hallerde yakın çevresi ve hatta kamusal alanda sergilemesi aslında 1920'lerde hiçbir yerin protokolüne uymazdı. Reis-i cumhur eşi, first lady olduğu zaman, sorumlulukları olmayan ve yetkileri sınırlı bir devletlinin eşi gibi davranamazdı. Maalesef Latife Hanım öyle görülüyor ki Türkiye şartlarında bir kurucu cumhurbaşkanının ve bir mareşalin eşi olmayı bilemedi. Evlilik bu nedenle bitti, daha doğrusu bir Garb anlayışı ile başladı ve tek taraflı olarak Şark âdetlerine uygun biçimde bitirildi. Gazi'nin çocuk istemediği anlaşılıyor. O devirde diğer milletlerin ihtilalcileri arasında görülen bir âdet bizde de bazı aydın ve siyasilerin arasında "inkılapçının çocuğu olmaz" ifadesiyle vardı.

Yıllar Sonra İstanbul'a Dönüş

İstanbul'a ilk gelişi askerî öğrenci olduğu dönemdeydi. Sonra görev için çok defa geldi. Selanik'in kaybından sonra bir dönem annesi ve kız kardeşiyle birlikte orada yaşadı. İstanbul kuşkusuz onun için de çok önemli bir şehirdi. 16 Mayıs 1919 günü İstanbul'dan ayrıldı. Samsun üzerinden Anadolu'ya geçti. Uzun bir süre boyunca İstanbul'a uğramadı. Hatta yurt gezisi yaparken Boğaz'dan gece vaktinde geçti. Tabiri caizse biraz kırgındı. Evet, İstanbul'u çok seviyordu ancak yine de kırgındı. Mesela Terakkiperver Fırka burada çok çabuk taraftar toplamıştı. İstanbul Hükûmetleri ve İstanbul basınının bir kısmı da Millî Mücadele döneminde iyi sınav vermiş denemezdi. Lakin 1927'de İstanbul'a geldi ve Dolmabahçe Sarayı'na yerleşti. Nihayetinde burada vefat etti. Şu bir gerçek ki, İstanbul onun da gözbebeği idi... Hatta diyebilirim ki, Fatih Sultan Mehmed'ten sonra, bu defa Mustafa Kemal Paşa'nın meclis ordusu şehri yeniden fethetti. Cumhuriyet hemen sonra ilan edildi.

Atatürk sekiz yıl sonra
İstanbul'a girerken
Ertuğrul Yatı'ndan
İstanbulluları selamlıyor.
(Temmuz 1927)

Çankaya Sofraları ve Sağlık Sorunları

Çankaya sofraları üzerinde durulması gereken bir husustur. Çünkü Atatürk'ün 15 senelik cumhurbaşkanlığı boyunca kim bilir kaç kere toplanılıyor, yeniliyor, içiliyor, konuşuluyor. Önemli devlet meselelerinin de tartışıldığı bu sofralarda Atatürk'ün yediği yemek miktarı ve çeşidi mütevazı, hatta fakirdi. Bir yemek listesi, bir menü var, ama o menüye ne kadar uyduğu, o yemeklerden ne kadar yediği su götürür. Hatta belki de en büyük sorun şu: Mustafa Kemal gençliğinden beri doktor muayenesini sevmiyordu. Maiyetindekiler arasında çok güvendiği Refik Saydam askerî doktoruydu, aynı zamanda karargâhının da üyesiydi. Birinci Dünya Savaşı'ndan evvel mevcut orduların devamlı karargâhta vakit geçirmeyenleri dışında, çoğunluğu kronik dertlerden muzdaripti. Öte yandan doğru dürüst hastaneler yoktu, çünkü askerî doktor olanlar daha çok pratisyen hekim tipindeydi. Karlsbad'da daha genç zabitken kaplıcaya gitme ihtiyacı duyan birinin ileri yaşlarda çok sıhhatli olduğunu söylemek mümkün değildir. Gazi'nin olumsuz bir alışkanlığı sigara tiryakiliğiydi. Bunun zararları mutlaka derindi.

Çankaya Köşkü başlangıçta Bulgurzade Ailesi'nden satın alınan bir bağ eviydi. Bu yerleşke Mimar Vedat ve Arif Hikmet Bey'in 1924 yılında yaptığı ilavelerle genişletilmiş ve zamanla günümüzdeki halini almıştı.

Atatürk'ün Ölümü

Gazi Mustafa Kemal Atatürk, son yılı ağırlıklı olmak üzere uzun zamandır hastaydı; onulmaz, geri dönülmez hastalıklarla malul idi. Siroz veya kanser diyenler olsa da tevsik edilmiş hali yoktur. Hastanın uzun muayenelerden hoşlanmadığı söyleniyor. Türk veya Avrupalı olsun hekim muayenelerinden hoşlanmıyordu. Kötü gidişat engellenemedi. Hatay meselesinin takipçisiydi ve güney illeri seyahati sağlığını daha da bozmuştu. 29 Ekim'de Ankara'da bulunmayı çok arzu etmişti, fakat bu mümkün olmadı. Vefat ettiğinde henüz 57 yaşındaydı. Selanik'te "Ali Rıza oğlu Mustafa" olarak başlayan hayatı, Türkiye Cumhuriyeti Devleti'nin kurucusu, "Gazi Mustafa Kemal Atatürk" olarak nihayete erdi. Türklerin Atası 10 Kasım'da Dolmabahçe Sarayı'nda ebediyete göçtü. Arkasından gerçekten de bir millî matem doğdu, resmî programı aşan bir şok ve hüzün! Naaşı, cenaze töreni programı gereği Ankara'ya intikal edecek ve Etnografya Müzesi'nin önündeki bir katafalka konacaktı. Buradaki misafirliği naaşının 10 Kasım 1953 tarihinde Anıtkabir'e taşınmasına kadar devam etti.

Atatürk'ün naaşı Dolmabahçe Sarayı'ndan törenle Ankara'ya nakledilirken... (19 Kasım 1938).

Anıtkabir

Ankara denince akla gelen en önemli sembollerden biri de Anıtkabir'dir. Atatürk'ün bu anıtsal dinlenme yeri Maltepe'nin arkasındaki Rasattepe'dedir. Emin Onat ve Orhan Arda eseridir. Sütunlu Roma yapıları gibi olması düşünülmüş fakat binanın etrafına Frig, Hitit ve eski Anadolu mimarisinden unsurlar ilave edilmiştir. 1950'lerin "İkinci Yeni" denilen ekolüne ait seçkin bir binadır ve etrafında küçük bir koru teşkil edilmiştir. Anıtkabir'in giriş kısmına 26 basamaklı geniş bir merdivenden çıkılır. Merdivenler Kayseri'nin beyaza yakın renkteki göl traverteni taşından yapılmıştır. Merdivenin solunda Hürriyet ve sağında İstiklâl kuleleri bulunmaktadır. Bu kulelerin içerisinde Atatürk'ün Hürriyet ve İstiklâl ile ilgili sözleri altın yaldızlarla yazılıdır.

Ankara'nın sembolü haline gelen bu yapı Atatürk'ün ölümünden on beş yıl sonra bitirildi. 10 Kasım 1953'te naaşı Etnografya Müzesi'nden alınarak muhteşem bir törenle buraya nakledildi. Arkadaşları eski üniformalarını giyerek top arabası üzerinde bu nakli yaptılar. Tören esnasında on binlerce insan yollara döküldü ve Ata'yı son defa selamladılar.

Anıtkabir mimar Emin Onat ve Orhan Arda'nın eseridir. Binanın sütunlu Roma yapıları gibi olması düşünülmüş fakat çevresine Frig, Hitit ve eski Anadolu mimarisinden unsurlar da eklenmiştir.

Kişisel Özellikleri

Atatürk liderlik vasfıyla doğmuş, ileri görüşlü ve bu sebeplerle de "karizmatik" diye tavsif edilebilecek bir şahsiyettir. Başarısındaki en önemli faktör fevkalade bir irade sahibi olmasıdır. Bir entelektüel olduğu hakikattir. Akıl ve bilimden yanadır. Tabii ki bir devrimcidir, reformisttir. Çünkü ülkesinin reforma ihtiyacı vardır. Bir Türk milliyetçisidir ama bunun yanında evrensel bir adamdır. Barışçıdır, "Mecbur kalmadıkça savaş bir cinayettir" demiştir.

Bununla beraber zarif, görgülü ve yerine göre sert, yerine göre müşfik, nazik bir insandır. Müsrif ve aşırı tüketici olmadığı, hesaplı davrandığı açık. İltifat dağıtan, cömert birisiydi; çünkü iltifat da bir atıfettir. Tabii ki yerine göre sert hiciv yapabiliyordu ki iğneleme ile ilgili sayısız anekdotu vardır. Çok iyi bir hatip olduğu da bir gerçektir. Mesela iyi dans ediyor, buna folklor da dâhil. Resimlerden de görülebileceği gibi Balkanlar'dan gelen heyetlerle horon tepiyor. Bu herkesi cezbediyor. Askerler sivil kıyafete o kadar kolay intibak edemezler ama kıyafetleri de çok iyiydi.

Alkolle olan ilişkisi uç derecede değildir. Kamu önünde sarhoş olup kendinden geçtiği vaki değildir. Tam bir sigara tiryakisi ve kahve müptelasıdır fakat iştahlı birisi değildi. Hiç küfür etmezmiş. Birine kızdığında söylediği laf "inatçı katır" olurmuş. İbadetine bağlı biri değildi, ancak ibadet edenlere hürmeti vardı. Ramazan ayı ya da kandil geceleri gibi özel zamanlarda çok ihtimamlı olurmuş. Annesi ve Çanakkale şehitlerinin ruhuna mutlaka her yıl dönümünde Kur'an-ı Kerim okuturmuş. Kendisi de Kur'an okur, iyi okunmasını istermiş. Eğitime çok önem veren cehalete düşman birisiydi. Yabancı dile ise ayrı önem vermiştir. İyi derecede Fransızca ve yeterli derecede Almanca öğrenmişti. Tabii bütün Makedonya gençleri gibi Rumca (Yunanca) ve Bulgarcaya aşina olduğu kayıtlıdır. Konuşuyor, mektuplar yazıyor, çeviriler yapabiliyordu. Cephede bile kitap okuyacak kadar gerçek bir kitap tutkunudur. Binlerce kitap okumuştur. Biraz da bu yönüyle büyük bir adamdı.

Atatürk çok sevdiği manevi kızı Ülkü (Adatepe) ile...

Atatürk ve Çocuklar

Atatürk'te çocukların ve çocuk sevgisinin karşılığı bir başkadır. Kendisi de yetim büyüdüğü için olsa gerek, bilhassa kimsesiz çocuklara sahip çıkar, eğitimlerine ayrıca önem verirdi. Manevi çocukları vardı; İhsan, Abdürrahim, Ömer, Afife ve Zehra Cumhuriyet'ten önce; Afet, Rukiye, Nebile, Sabiha, Ülkü ve Mustafa ise Cumhuriyet'ten sonra manevi evlatları olmuştu.

Gelelim 23 Nisan'ın millî egemenliğin kutlanması yanında çocuklar için de bir bayram halini almasına... Harbin sonunda bir sürü çocuk yetim kalmıştı. Onlara daha iyi şartlar sağlamak için pek fazla imkân da yoktu. Halbuki onlar ülkenin geleceğiydi. Yeni ülke onların omuzlarında yükselecekti. Bu yüzden Millî Egemenlik Bayramı'nı Atatürk çocuklara armağan etti. Dünya tarihi ve kültürü içinde enteresan bir unsurdur, bize özgüdür ve yer etmiştir. Atatürk, TBMM'nin açılışından bir yıl sonra 23 Nisan 1921'de bugünün bayram olarak kutlanmasına karar verdi. 23 Nisan 1927'de ise ilk kez "Çocuk Bayramı" olarak da kutlanmaya başladı.

Atatürk İstanbul Florya'daki deniz köşkünde çok sevdiği çocuklar ile...
(Temmuz 1936)

Atatürk ve Kitap Sevgisi

Atatürk hayatı boyunca eğitime büyük bir önem atfetmişti. Millî Mücadele'nin en kırılgan dönemlerinde bile eğitim kongresi toplayacak ve bunu iptal etmeyecek kadar eğitimi önemsiyor. Cumhuriyet kurulunca, tarım ürünlerinin ihracıyla geçinen bir ülkenin kıt imkânlarına rağmen yurt dışına talebe gönderiyor. Yabancı dile ayrı değer veriyor. Fransızcayı ileri seviyede, yeterli düzeyde de Almanca biliyor, Ayrıca Makedonya yetişenler insanları gibi Rumca ve Bulgarcaya da uzak olmadığı biliniyor.

Öte yandan gerçek bir kitap tutkunudur. Cephede bile kitap okuyacak kadar kitapseverdir. Çocukluğundan beri güçlü bir okuma tutkusu var. Biraz da onun için büyük bir insan. Okuduklarının başında Reşat Nuri geliyor. Şiir de seviyor. Çankaya Köşkü kitaplığının taranmasıyla bu bilgiler artabilir. Ruşen Eşref, yazıhanesinin üzerinde, bir Çerkes kamasının yanında sıralanmış romanları görüyor mesela: "Şüphesiz Paşa, sükunetli dakikalarının boşluğunu edebiyatla dolduruyordu" diye anlatır. Bununla beraber sadece okumakla kalmamış, birkaç kitap da yazmıştır.

Atatürk cephede dahi kitap okuyacak derecedeki bir kitap tutkusuna sahipti.

Atatürk'ün Hayalindeki Türkiye

Hayal ettiği Türkiye gerçekleşiyor. Kadın-erkeğin eşit, fevkalade üretken, okuma-yazma meselesinin halledildiği, eğitimin gittikçe arttığı, köylünün vatandaş olduğu bir Türkiye. Hayalleri çok açıktı. Bulgaristan köylüsünün kafa tutan haline bakıp, "Ben de böyle istiyorum" demiş. Atatürk'ün istediği Türkiye beynelmilel kültürü benimseyen bir ülke. Müzik bileceksin, opera bileceksin, yapacaksın. "Bunu yapan adam her şeyi iyi yapar" diyor. Kafasındaki projeler çok açık. Tarzını değiştiren bir adam. Elli sene önceki Türk subayından çok farklı, bütün arkadaşları gibi. Dans da ediyor, Fransızca da konuşuyor, opera da besteletiyor. Bu büyük bir değişimdir. Bu asrın en büyük sosyologlarından biri, belki de birincisi Rolf Dahrendorf, böyle bir değişim karşısında aşka gelmişti. Bu toplumun çalışma kalıpları değişiyor, hâlâ da oturmadı yerine ama değişiyor ve Cumhuriyet'in bize kazandırdığı temel şey ilerlemedir.

Gazi Mustafa Kemal Paşa Dolmabahçe Sarayı'nda TBMM Başkanı ve yakın arkadaşı Kâzım Özalp ile beraber görülüyor. (Ağustos 1929)

20. Yüzyılda Atatürk ve Kemalizm

20. yüzyılın bütün liderleri fonksiyonları ortadan kalkan tarihî portreler haline dönüşmüşlerdir. Fonksiyonlarını yitirmeyen, halen bir sosyal protestonun, adalet talebinin sembolü olarak yaşayanların içinde romantik bir portre, devleti yönetmeyen ihtilâlci Che Guevara ile bir devlet adamı vardır ki, o Mustafa Kemal Atatürk'tür. Kemalizm hiç şüphesiz ki 1940'lardan itibaren savaş ekonomisine giren, bürokrasinin hiçbir yatırım yapamadığı ve yönetemediği ülkede zecrî ve uyuşuk tedbirlerle idame-i hayat etmeye çalışan Türkiye'de, kendi içinde erimeye başlamıştır. Kemalizm'in kurduğu üniversiteler 1947'de CHP yönetiminden büyük darbe yemiştir. Kemalizm'in getirdiği laik müesseseler veya yıkılan müesseseler çok yanlış ve oyalayıcı bir mürailik içinde yön değiştirmiştir. Fakat şurası bir gerçek ki, Türkiye'de her buhranda Kemalizm tekrar bir umut ışığı olarak her yaştaki insan, her sınıftaki kitleler tarafından benimsenmektedir. Türkiye gençliği, rengini kaybeden bir tarih anlayışı içinde, bir ara Kemalist inancı terk etse de şimdi Kemalist politika ve özlemle dünyaya bakabilmektedir.

Atatürk'ün
TBMM açılış töreni
esnasında çekilen
bir fotoğrafı.
(Kasım 1934)

Tek Adam

Atatürk tek parti idaresinin başındaki liderdi. Doğal olarak buna demokrasi denmez. 1924 ve 1930'da çok partili sisteme geçiş denense de o dönemin Türkiye'sinde iki taraf böyle bir çizgide uzlaşmayı becerememiştir. Bunun için muhalif parti kapatılmış, çok parti deneyimi sona ermişti. Atatürk'ün istediği, muhalefetle asgari düzeyde, belirli noktalarda uzlaşı olmasaydı. Bunu Türkiye'deki muhalefet ancak 1946 demokrasisinde bir müddet yapabilmişti. Sonunda bir gerginlik ve darbe yaşandı. Demokratik hayatımız ve Cumhuriyet darbe dönemleri de geçirerek bugüne kadar geldi.

Diğer yandan Atatürk özellikle Çankaya sofralarında 1929'dan sonraki uygulamalardan rahatsız olduğunu söylemiş, görüntünün diktatörlüğe dönmesinden hoşlanmadığını belirtmiştir. Hatta İsmet İnönü'nün Recep Peker'e hazırlattığı bir raporu görünce, "Bu düpedüz İtalya faşizmidir" diyerek sert tepki göstermiştir. Ne var ki Atatürk'ün kendi döneminde uyguladığı sistem kuvvetler birliğidir. Kendisi karizmatik bir şahsiyet olduğu için, cumhurbaşkanı sıfatıyla uygun gördüğü konulara müdahale edebilmiştir. Ancak İsmet Paşa'nın başbakan olduğu bir yerde bu tip müdahalelerin kolay olmayacağı, mukavemet göreceği de açıktır. Ki bu yüzden aralarında önemli fikir ayrılıkları oluşmuştur.

Atatürk Cumhurbaşkanlığı yaptığı süreçte devlet idaresinin tek adamlığa dönmemesi için azami çabayı göstermiştir. Ne var ki karizmatik bir şahsiyet olduğu için, cumhurbaşkanı sıfatıyla uygun gördüğü konulara müdahale edebilmiştir.

Dünyada Atatürk

Bu konunun ve başlığın çok iyi araştırıldığı kanaatinde değilim. Mesela başta Lloyd George'a, daha sonra ise Churchill'e atfedilen "100 yılda bir, bir dâhi gelir; Küçük Asya'dan çıkacağını ben nereden bilirdim?" sözü hâlâ belgelendirilmemiştir. Bu isimlerin ikisi de başbakan olduklarından konuşmaları toplanmıştır. Bunu araştırmak o kadar da zor değildir. Bunun dışında Churchill dünyada saygın bir siyasetçiydi, dünya lideriydi, vefatından sonra hakkında söylenenler ortadadır ve başardıkları nedeniyle uluslararası alanda büyük bir saygınlığı vardı. Halen de var... Açıkçası büyük bir sağduyu da var, bugün Atatürk'ü seven, anlayan insanlar daha eğitimli. Ondan sonraki kuşaklar ve bu toplum Gazi'ye sahip çıkıyor ve daha iyi değerlendiriyor. Atatürk, Türk tarihinin çok önemli lideridir. Sadece Türkiye açısından değil. Mesela, Türkî cumhuriyetlerin tarihi için de bu böyledir. O dönemin Sovyetler Birliği'nde yerel komünist partilerde de Atatürk, ismi saygıyla anılan bir liderdi.

Mustafa Kemal Paşa'nın dünyaca ünlü Time dergisinin 21 Şubat 1927 tarihli baskısında çıkan kapak görseli.

ATATÜRK'ÜN DÜNYASINDAKİ İSİMLER

İsmet İnönü

İsmet Paşa'nın Atatürk ile hukuku eskiye uzanır. Harb Akademisi'nden birbirlerini tanımakla beraber kariyerlerine farklı yerlerde devam etmişlerdir. Nihayet Mustafa Kemal Paşa Birinci Dünya Savaşı'nda Doğu Anadolu'daki 2'nci Ordu kumandanıyken yolları kesişmiştir. O dönem miralay (albay) rütbesinde olan İsmet Bey Mustafa Kemal Paşa'nın kolordularından birine kumanda etmektedir. Millî Mücadele döneminde de önemli bir yakınlık söz konusudur.

Cumhuriyet döneminde ise İsmet Paşa tercih edilen bir hükûmet başkanıdır. Aralarında zaman zaman gerilim olduğu da biliniyor. Mesela 1935'teki Trakya olayları iki dava arkadaşını epey karşı karşıya getirmişti. Fakat İsmet Paşa'nın kanuna bağlılığını, bürokratik örgütlenmeyi ciddiyetle ele alışını, yeni Cumhuriyet'in hangi yolda ilerlemesi gerektiği konusundaki ikazlarını Atatürk kaçınılmaz biçimde kabul etmiştir. İkilinin devlet adamı olarak çekişmeleri ise 1937'de doruk noktasına ulaşmıştır. TBMM üzerinde bir denetim konseyi teşkili fikri, Atatürk ve İsmet Paşa'nın çekişme nedenidir. İsmet Paşa bu tarihte başbakanlıktan alınmış ve yerine Celal Bayar tayin edilmiştir.

Cumhurbaşkanı Mustafa Kemal Atatürk Başbakan İsmet İnönü tarafından Ankara tren istasyonunda karşılanırken... (7 Ekim 1936).

Fevzi Çakmak (1)

Fevzi Paşa sıradan bir kumandan değildir, çok bilgilidir, belirgin ilkeleri vardır ve oraya gelene kadar ismi duyulmuş başarılı bir askerdir. Maalesef Anadolu direnişinin başında bu hareketi mantıki görmemiş, hatta yer yer karşı bile çıkmıştır. Bu tavrından dolayı kendisine karşı bir soğukluk olmuştur ama geç de olsa artık İstanbul'da bir iş yapılamayacağını anlamıştır. Kendisi Mustafa Kemal Paşa'dan önce doğrudan Ali Fuat Paşa'nın karargâhına gelmiş ve Mustafa Kemal Paşa'nın kısa bir tereddüdüne rağmen Ali Fuat Paşa'nın ısrarlı talepleri sonucunda nazikâne bir telgrafla Millî Mücadele kadrosuna dâhil edilmiştir. Fevzi Paşa'nın bu şekilde Ankara'ya getirilmesi ve karşılanması fevkalade önemli ve tarihi bir hadisedir. Millî Mücadele'de görevi yine aynı şekilde Ankara'da Millî Müdafaa Vekâleti'dir ve İcra Heyeti Başkanı, Başbakan olmuştur. Doğrusu büyük bir sadakat ve gayret ile görevine devam etmiştir. En kıdemli kumandandır ve komuta heyetine dahli askerî açıdan Millî Mücadele'yi zenginleştirmiştir.

Fevzi Çakmak (2)

Bunların yanında Fevzi Paşa hakkında birçok efsane vardır. Çok dindar olduğu söylenir ve doğru olmayan bir sürü vakalar anlatılır. Fevzi Paşa, hükûmetin hiçbir bakanı, hiçbir memuru hakkında -tasvib etmese bile- zorbaca muamelede bulunan biri değildir, imparatorluk terbiyesinden geçmiş ağırbaşlı bir devlet adamıdır. Bir problemi varsa Mustafa Kemal Paşa'yla tartışır konuşur, fazla da uzatmazdı. Bu fazla tartışmama İsmet Paşa'da da vardır. Çünkü bitmeyen münakaşalarla işlerin yürümeyeceği malûmdur. Mareşal Fevzi Çakmak'ın çok saygın kişiliğine rağmen politikada şansı olmadığı belliydi ve hiçbir zaman da Millet Meclis'ini tercih etmemişti. Onun için üniformasını da çıkarmadı. Hatta Atatürk yakın arkadaşlarına "Hepiniz Meclis'e!" dediğinde, Fevzi Çakmak Paşa'yı yerinde bıraktığı açıktır. 1938 Kasımı'nda cumhurbaşkanlığı için İsmet Paşa'nın ardında durduğu destek ve müzakerat gösterdiği bellidir. Emeklilik döneminde ise İsmet Paşa'ya karşı kırgınlığı söz konusudur. 1944 yılı başlarında İsmet Paşa tarafından biraz da rızası dışında yaş haddinden emekli edilecektir. Bu kırgınlığı 1950 yılında ölene kadar sürecektir.

Mustafa Kemal Atatürk, 1937 yılı Cumhuriyet Bayramı kutlamalarında Genelkurmay Başkanı Mareşal Fevzi Çakmak ile beraber...

Ali Fuat Cebesoy

Ali Fuat Cebesoy, 1882 Üsküdar doğumludur. O büyük nesilden; yani Mustafa Kemal Atatürk ile Harb Okulu'ndan sınıf arkadaşıydı. Pek çok cephede savaştı. Ona "Millî Mücadele'yi fiilen başlatan kumandan" da denebilir; çünkü işgaller sırasında İzmit'ten Eskişehir üzerine gitmek isteyen İngiliz birliklerine ateş açma emrini vermiştir. Şimdiki adı Ali Fuat Paşa Tren İstasyonu olan yerde de bu işgalci birliği durdurmuştur. Savaş boyunca önemli görevler yerine getirdi. Amasya Genelgesi'nde imzası olan komutanlardandı. Yine Kurtuluş Savaşı yıllarında Moskova Büyükelçiliği görevini üstlendi; Moskova Antlaşması'nı imzaladı. İlk Meclis'te milletvekilliği yaptı. Türkiye'nin ilk muhalefet partisi olan Terakkiperver Cumhuriyet Fırkası'nın kurucularından biri oldu. İzmir Suikastı sanığı olarak İstiklâl Mahkemeleri tarafından yargılandı. Ancak yine Atatürk devrinde, 1931'de TBMM Başkanlığı, Ulaştırma ve Bayındırlık bakanlıkları yaptı. 1948'den sonra siyasete Demokrat Parti'de devam etti. 27 Mayıs Darbesi'nden sonra hakkında dava açılmadı. 1968'de vefat etti. Hiç evlenmemiştir.

Her ne kadar Cumhuriyet döneminde siyaseten bazı fikir ayrılıklarına düşseler de Atatürk ve Ali Fuat Cebesoy'un yakın arkadaşlıkları Harbiye Mektebi günlerine kadar dayanmaktaydı.

Rauf Orbay

Babası Amiral Mehmet Muzaffer Paşa idi. 1899'da Deniz Kuvvetlerine katıldı. 1918 yılına kadar değişik savaş gemilerinde görev yaptı. Balkan Savaşları döneminde "Hamidiye Kahramanı" olarak nam saldı. Hiç şüphe yok ki şöhretli ve başarılı bir askerdi. Millî Mücadele'de başlangıçtan itibaren Mustafa Kemal Paşa'nın yanında yer aldı. Kongrelerden sonra, Heyet-i Temsiliye adına Son Osmanlı Mebusan Meclisi toplantısına katıldı. Bu sırada İngilizler tarafından tutuklanarak Malta'ya sürüldü. Malta'dan kaçıp ülkeye dönünce bakanlık, başbakanlık ve TBMM başkan vekilliği yaptı. Terakkiperver Cumhuriyet Partisi'nin kurucularından biri oldu ve Atatürk'e karşı tertiplenen İzmir Suikastı davasında ceza aldı. Bu sırada yurt dışındaydı. Türkiye'ye 1935 yılında döndü. 1942 yılında Londra Büyükelçisi yapıldı. 1964'te vefat edene kadar üniversitelerde hocalık yaptı. Vatanseverliğinden şüphe edilmeyecek bir adamdı. Ancak şunu unutmayalım idealist ve idealleri için can vermeye hazır insanların arasında fikir ayrılıkları her zaman olur. Bizlere düşen, tarih çizgisinin bu büyük adamlarını ihtiramla anmaktır.

Mustafa Kemal Paşa ve
Rauf Bey (Orbay) Millî Mücadele
günlerinde... (24 Aralık 1919)

Ali Fethi Okyar

Fethi (Okyar) Bey'in Mustafa Kemal ile dostluğu Manastır Askerî İdadisi yıllarına kadar uzanır. Picardie Manevraları'nda birliktedirler. Trablus'a gönüllü giden subaylardan biriydi. 27 Ekim 1913'te Binbaşı Mustafa Kemal Bey Sofya askerî ataşeliğine atandığında Osmanlı'nın Sofya sefiri yakın arkadaşı Fethi Bey idi. Zaten Fethi Bey Mustafa Kemal'i özellikle yanına istemişti. Önceleri bir İttihatçı'ydı. Önemli vazifeler üstlenmişti. Ancak ılımlı ve akil kişiliğiyle hiçbir zaman sert bir İttihatçı görüşe, daha doğrusu tavra sahip olmadı. Bu sayede yıllar boyunca saygınlığını korudu. Birinci Dünya Savaşı sonrasında Malta'ya sürüldü. Sürgünün ardından ilk meclisin mebuslarından biri olarak Millî Mücadele'ye katıldı. 22 Kasım 1924'te başbakan oldu. Şeyh Sait İsyanı'nın başlamasının ardından istifa etti (3 Mart 1925). Bir süre Paris'te büyükelçilik yaptı. Kendisine inanan ve güvenen Atatürk'ün isteğiyle 1930 yılında Serbest Fırka'yı kurdu. Fakat bu tecrübe başarısız oldu. 1943'te vefat edene kadar büyükelçilik ve bakanlık yaptı. "Okyar" soyadını da kendisine bizzat Atatürk vermişti.

Atatürk ve eşi Latife Hanım, Atatürk'ün "Büyük Günlerin Adamı" olarak tanımladığı yakın arkadaşı Ali Fethi Okyar ve eşi Galibe Hanım ile beraber... (Mart 1923)

Enver Paşa

Enver Paşa yetenekli bir kurmaydı. Fransızca, Almanca, Rusça ve Farsça bilirdi. Berlin'de ataşemiliter olarak görev yapması Alman askerî kuvvetine olan güvenini arttırmıştı. Balkanlar'daki komitacılık faaliyetlerine karşı verdiği mücadele ve İkinci Meşrutiyet'in ilanındaki rolü ile tanındı. Trablusgarb'ta Mustafa Kemal'in de aralarında bulunduğu (ancak Mustafa Kemal ile birbirlerini sevdikleri söylenemezdi) genç subaylarla beraber İtalyanlara karşı bölge halkını örgütleyerek savaştı ve zor şartlarda başarı sağladı. Balkan Savaşı bozgunundan sonra Babıâli Baskını'nı gerçekleştirdi. Bulgarların eline geçen Edirne'yi Temmuz 1913'te kurtarması ününü büsbütün arttırdı. Kısa zaman sonra Sultan Abdülmecid'in torunu Naciye Sultan ile evlenerek saraya damat oldu. Birinci Dünya Savaşı'nda Osmanlı ordularının başındaki kişiydi. Bu ani yükselme sonucu o vakte kadar en kalabalık askere alınmayla kurulan düzenin başına geçen genç komutanın, bununla başa çıkması zordu. Kaldı ki endüstri dünyasında ordunun teçhizi ve malî müzayaka en büyük problemdi ve Alman Genelkurmayı'nın müdahale ve denetimini arttırdı. Ancak alınan yenilgi sonrasında İttihat ve

Terakki'nin diğer ileri gelenleri gibi ülkeyi terk etti. Türkistan'da Basmacı Hareketi'nin başına geçerek Bolşevik Ruslarla savaştı. Sakarya Muharebesi'nden sonra Türkiye'ye girip Millî Mücadele'nin başına geçmek istedi. Kuşkusuz bu darbenin gerçekleşmesi mümkün olmazdı ve Türkiye'ye giremedi. Meclis Hükümeti ve komutanlar bu isteği ve planı haklı olarak önledi. 4 Ağustos 1922 günü bir Rus baskını esnasında makineli tüfek ateşine karşı kılıcını çekip atının üzerinde taarruz ederken hayatını kaybetti.

Askerî öğrenciliklerinden itibaren tanışıklıkları olan Mustafa Kemal Paşa ile Enver Paşa'nın birbirlerini sevdikleri söylenemezdi.

Refet Bele

Refet Bele, Millî Mücadele'nin en önemli komutanlarındandır. Hatta Mustafa Kemal Paşa 19 Mayıs 1919'da Samsun'a geldiğinde, *Bandırma* Vapuru'nda bulunan isimlerden biri de Refet Bele'dir. Millî Mücadele döneminde hakikaten büyük yararlılıkları görülmüştür. Batı Cephesi'nde farklı yerlerde komutan olarak başarıyla görev yapmıştır. 4 Kasım 1922'de İstanbul'un idaresine TBMM namına el koyan kişi yine Refet Bele'dir. Cumhuriyet kurulduktan sonra Mustafa Kemal Paşa ile bazı fikir ayrılıkları yaşadığı için Terakkiperver Cumhuriyet Fırkası'nı kuranlar arasındadır. İzmir Suikastı davasında Bele de yargılanmıştır. Gelgelelim hem beraat etmiş hem de Atatürk'ün sağlığında yeniden milletvekili olmayı başarmıştır. İyi bir askerî eğitim aldığı açıktır. Gençliğinde İttihatçı'dır. Mustafa Kemal, Rauf Bey ile Erzurum'a gittiğinde o, Sivas Kongresi hazırlıklarını yapmak için Sivas'ta kalmış ve İngilizlerin Samsun bölgesine asker çıkarmaları üzerine Kavak civarına topçu birlikleri yerleştirip, bu çıkarmayı durdurmuştur. 1963'te vefat etmiştir. Vasiyeti ve ailesinin de isteğinden dolayı devlet mezarlığına defnedilmiyor. Kabri Zincirlikuyu'dadır.

Sakarya Meydan Muharebesi'nden sonra "Mareşal" rütbesini ve "Gazi" unvanını alan Mustafa Kemal Paşa, Refet (Bele) Paşa ile birlikte... (Aralık 1921)

Fahrettin Altay Paşa

Fahrettin Paşa piyade sınıfına mensup olsa da çok iyi bir süvari komutanıydı. Evvela bunu söylemek lazım. İşkodra doğumludur. İkinci Balkan Harbi'nde Bulgar kuvvetlerini püskürten komutanlardan biriydi. Çanakkale Cephesi'nde bulundu ve Mustafa Kemal Paşa ile orada tanıştılar. Millî Mücadele başladığında kesinlikle Anadolu direnişine karşı olanlar vardı ve bunlar olduğu gibi, tereddütlü bir dönem geçiren ve beklemede kalanlar da vardı. Bekleme yapanların içinde Fahrettin (Altay) Bey, İsmet (İnönü) Bey ve 1914'te artık tuğgeneral, 1920 yılında da Harbiye Nazırı olan Fevzi (Çakmak) Paşa da vardır. Millî orduda Süvari Kolordusu kumandanı olan ve bu görevde yararlılıkları görülen Fahrettin Altay Paşa, Dumlupınar'dan sonra Yunan ordusunun ricatini sağlayarak 9 Eylül'de İzmir'e giren 5'inci Süvari Kolordusu'nun kumandanıydı. Cumhuriyet'in ilanı sonrasında milletvekilliği yaptıysa da Mustafa Kemal Paşa'nın isteğiyle milletvekilliğinden ayrıldı ve asker olarak kaldı. Emekliliğinden sonra kısa süre milletvekilliği yaptı. 1974 yılında, 94 yaşındayken hayata veda etti.

Mustafa Kemal Paşa Millî Mücadele'nin başarıya ulaşmasında büyük katkısı olan Süvari Kolordusu Kumandanı Fahrettin (Altay) Paşa ile beraber...
Hemen arkalarında "Şark Fatihi" Kâzım Karabekir Paşa görülüyor.
(Şubat 1923)

Salih Bozok

Atatürk'ün yaveri ve kadim dostudur. Salih Bozok ile Mustafa Kemal Paşa, aynı yıl Selanik'te doğmuşlardır. Çocukluk arkadaşıdırlar. İkisi de asker olmuş, Mustafa Kemal kurmaylıkta ilerlerken Salih Bozok jandarma sınıfında devam etmişti. O, Atatürk'ün başyaveriydi. Büyük Harb'te, Suriye Cephesi'nde bulunan Mustafa Kemal Paşa, Bozok'u başyaverliğe atayarak yanına çağırdı. Beş dönem milletvekilliği de yapan Bozok, kendi neslinin hemen her askeri gibi Balkan Savaşları, Birinci Dünya Savaşı ve Millî Mücadele'de bulunmuştur. Atatürk ona ve yine çocukluk arkadaşı olan Nuri Conker'e ayrı bir sevgi beslerdi. Mektuplarında "Kara gözlü Salih'im, kuzum, kardeşim, burma bıyıklı Salih'im" gibi hitapları vardır. Salih Bozok da Mustafa Kemal'e büyük bir dostluk bağıyla bağlıydı. Öyle ki, 10 Kasım günü Paşa vefat edince, Salih Bozok da, "Mareşal bir yere gidiyorsa, yaveri yanında olur" diyerek intihara teşebbüs etmiş ancak ölmemiştir. Nitekim birkaç yıl sonra, 1941 yılında vefat edecektir.

Başkumandan Mustafa Kemal Paşa'nın Genelkurmay Başkanı Fevzi (Çakmak) Paşa ve yaveri-kadim dostu Salih Bey (Bozok) ile beraber İzmir'e gelişi... (10 Eylül 1922).

Refik Saydam

Türkiye Büyük Millet Meclisi Hükûmeti, imparatorluk yıkıldığı ve Mudanya Mütarekesi ile savaşı bitirdiği an, inanılmaz sağlık sorunları ile karşı karşıyaydı. Bunu Afrika ve Güneydoğu Asya'daki herhangi bir toplumun yapısı açısından değerlendiremeyiz. Savaştan önceki toplumun âdeta demografik yapısı büyük bir sarsıntıya uğramıştı. Sağlıklı ve üretken erkek nüfus cephelerde erimişti. Balkan Savaşları'ndan Millî Mücadele'nin sonuna değin süren "On Yıllık Harb" dönemi Türkiye'deki sağlıklı genç nüfusu okullu veya okulsuz olsun bitirmişti. Sadece verem ve sıtma değil, bütün Doğu Avrupa ve Rusya steplerindeki toplumlar gibi müzminleşmiş bulaşıcı hastalıklar da vardı. Aydınlar şok içindeydi: Şurası bir gerçektir, komutanların önderlik ettiği Cumhuriyet askerî masrafları kısmış ve bütçesini eğitim ve sağlığa yönlendirmişti. Bir askerî tıbbiyeli olarak Dr. Refik Saydam genç Cumhuriyet'in devrim niteliğindeki sağlık seferberliğinin en önemli figürlerindendi. Bu dönemde sağlık alanında yapılan her hamlede doğrudan ya da dolaylı biçimde etkisi vardır.

Refik Saydam askerî liseden sonra Askerî Tıbbiye'de okudu. Alman tıbbı ile Berlin ve Danzig'teki askerî akademilerde tanıştı. Balkan Savaşı'na katıldı. Örgütçü bir askerî hekimdi. Bakterioloji Enstitüsü'nü örgütledi. Tifüs aşısını Birinci Dünya Savaşı sırasında hazırlamış ve literatüre geçmiştir. Yine orduların başlıca derdi olan tetanos ve dizanteriye karşı serumların üretilmesini sağlamıştı. Mustafa Kemal Paşa ile birlikte Samsun'a çıktı. 1920'den itibaren TBMM üyesi ve Türkiye'nin ilk sağlık bakanıydı. Büyük illerdeki devlet hastaneleri, doğumevleri ve Ankara'daki "Hıfzıssıhha Enstitüsü", verem savaş dispanserleri onun eseridir. İsmet Paşa'ya sadık bir politikacıydı. Atatürk, İsmet Paşa'yı azledince Celal Bayar'ın kabinesine girmedi. 1939-1942 yılları arasında başbakandı. O zaman sarf ettiği; "Devlet idaresi A'dan Z'ye bozuktur" sözü sadece bazılarının gururunu incitmekle kalmadı; başbakan olarak bazı ciddi çatışmalar içine girdiği bile söylendi. 8 Temmuz 1942 tarihinde, Pera Palas Oteli'ndeki mütevazı odasında hayatını kaybetti.

Halide Edip Adıvar (1)

Eşi Doktor Adnan Adıvar'la beraber Kurtuluş Savaşı'nı destekledikleri ve Anadolu'ya geçtikleri Birinci Türkiye Büyük Millet Meclisi döneminde Mustafa Kemal Paşa'nın etrafında yer alarak vazife gördükleri halde cumhuriyetin ilanından hemen sonra, bazı İstiklâl Savaşı komutanları, bürokratlar ve aydınlar gibi Gazi Paşa ile ters düşmüşlerdi. Bu görüşleri toptancı bir biçimde "hilafetçi-meşrutiyetçi" diye betimlemek yanlıştır. Halide Hanım çok partili rejime inanıyordu ve İttihatçılarla olan bunalımını bu sefer de "Kemalizm"le yaşamıştı. 14 yıl yurt dışında kalan Halide Hanım bunun bir kısmını İngiltere'de, bir kısmını Paris Sorbonne'da geçirdi. Pek değinilmez ama bir müddet de Hindistan'da kaldı. Aligarh İslam Koleji'ndeki hocalığı sırasında bugünün ünlü Camia-yı Milliye Üniversitesi'ni kurmak için hayli uğraş verenler arasındaydı. Hind liderleriyle saygın ilişki içindeydi. Nehru ve Gandi'ye Müslüman Hindistan fikrini etkiyle işledi. İlk baskısı 1937 yılında Londra'da Unwin tarafından yapılan prestijli eseri *Inside India* bu davayı lüzumlu ve yerine getirilecek bir gerçek olarak savundu ve yaydı. Hindistan'da hâlâ klasik olan bu eser Türkçeye kazandırılamadı. Af çıkıp döndükten sonra Adnan Bey "İnönü Ansiklopedisi"nin başına

Mustafa Kemal Paşa,
Halide Edip (Adıvar) Hanım ile
Gebze/İzmit'te...
(17 Ocak 1923)

Halide Edip Adıvar (2)

geçti, Halide Hanım ise İstanbul Edebiyat Fakültesi İngiliz Edebiyatı Bölümü'nün kurucusu oldu.

Gençliğinde Turancılık ve Türk Ocakçılığı; İttihat ve Terakki içindeyken partinin diktatör tasarruflarına karşı çıkmak yanında mütarekenin çaresiz günlerinde Amerikan mandasını düşünmek onun kusurları değildi, arayıştı. Mütareke zamanında çok az Türk aydını onun kadar kararlı ve ısrarlı davranmıştır. Halide Hanım eğitimi, ilk evliliği, edebî faaliyetleri ve siyasete henüz imparatorluk döneminde girişiyle dikkate şayandır. Robert Kolej'in ürünüdür. Fransızcası gibi Türkçeyi ve Türk edebiyatını evin ve çevrenin eğitimiyle almıştır. Türkçesinde duruluk, saflık hâkimdir. Halide Hanım İstiklâl Savaşı sırasında "onbaşı" rütbesi taşırdı. Muzaffer ordular İzmir'e ulaştığı zaman "başçavuş" rütbesi taşıyordu. Savaşın basın yoluyla propagandasını yapmakta çok etkili oldu. Denebilir ki Ankara Hükûmeti'nin dış dünyayla temasını kurmakta onun kadar aktif olan bir üyeye az rastlanır. İstiklâl Madalyası sahibiydi. Kim ne derse desin, uzak Hindistan kıtasında Halide Edip Adıvar'dan bahsediliyor ve bu bizde bir gurur uyandırıyor ise "sloganlar ve hazır tasvirlerle Halide Edip'i tanımaktan vazgeçelim" demek gerekir.

Mütareke günlerinde çok az Türk aydını Halide Edip (Adıvar) Hanım kadar kararlı ve ısrarlı davranmıştı.

Ayşe Afet İnan

1908'de Selanik Doyran'da dünyaya gelmişti. Cumhuriyet'in kadınlara sağladığı imkânları kullanan, iyi bir eğitim alan ve iyi bir tarihçi olan bir muallimeden söz ediyoruz. Atatürk'ün manevi çocuklarından biri olarak yakınında bulunmuştu. Öğretmenlik yapmıştı. Atatürk'ün isteğiyle Fransa'ya giderek Fransızca öğrendi. Aynı şekilde İsviçre'ye giderek Cenevre Üniversitesi'nde doktorasını tamamladı. Burada dünyaca ünlü antropolog Prof. Dr. Eugene Pittard ile çalıştı. Türk Tarih Kurumu'nun kurucuları arasında yer aldı. Türk tarih tezinin önemli ideologlarından biriydi. Türk tarihinin eski çağlardan Cumhuriyet dönemine kadar gelen süreçteki yerini ve önemini dünya tarihi açısından ele almaya çalıştı. 1985'te aramızdan ayrılan Afet İnan benim de hocamdı. Gördüğüm en soğukkanlı, en mutedil, hiçbir şekilde kin tutmayan hatta müşfik bir karaktere sahipti. Bu eski Türkiye'nin yetiştirme tarzıyla da ilgilidir. Devrinin güzel kadınıydı, bununla birlikte yaşlanmayı bilmiştir. Anne ve büyükanne olmuştur. Bu hayatın şüphesiz etrafa örnek olması gerekirdi.

Atatürk manevi kızlarından Rukiye Hanım'ın düğün töreninde Rukiye Hanım ve yine bir başka manevi kızı olan Afet (İnan) Hanım ile beraber görülüyor. (Mayıs 1930)

Adnan Menderes

Atatürk, İttihatçıların menfi taraflarından nefret ederdi. Kendisi de gençken yeminli İttihatçı olmasına rağmen, aşağı yukarı Hareket Ordusu macerasından sonra bu tavır ve hizipçilikten nefret etmiş, çatışarak kenara çekilmiştir. Bazı arkadaşları da öyleydi. Halk Partisi'nin içinde de bu tarzı takip etmiştir. Mesela Serbest Fırka'nın kapatılmasından sonra Aydın'a geldiği zaman kendisine "Burada muhalif bir genç var. Serbest Fırka reisi ve hayli etkili" diye şikâyet edenler vardı. Kastettikleri o zaman daha "Menderes" olmayan, Adnan Bey idi. Anlatılanlar üzerine çok sinirlenerek Adnan Bey'i çağırmıştır. Bunun üzerine Adnan Bey arza başlamıştır ki boş bir insan değildir. Zira askerliğini yedek subay olarak yapmış, İstiklâl Madalyası almış ve Amerikan Koleji'nde okumuştu. Memleketin halini, çiftçinin durumunu, ihmali, bürokrasinin tutumunu anlatmaya başlayınca Atatürk'ün tavrı ve yüzü değişmeye başlıyor. "Sen bunları bana bir layiha halinde ver" diyor ve sonraki dönemde Adnan Bey'i Aydın'dan mebus listesine koyduruyor. Bu toleranslı bir tavır ve iş bilir insan arayan bir zihniyettir. Ancak Türk cemiyetinde bu tip lider tavırları çok azdır.

Atatürk, Serbest Fırka'nın kapatılmasından sonra Aydın'a geldiğinde genç Adnan Bey (Menderes) ile tanışmış ve açık sözlü tavrından etkilenerek onu Aydın'dan mebus listesine koydurmuştu.

Celal Bayar (1)

Celal Bayar iktisadi konularda mahir ve bilgili bir politikacıdır. İttihat ve Terakki zamanından, yani Türkiye'de bankacılık sisteminin çok zayıf olduğu zamanlardan beri bankacılık, sigortacılık gibi sektörlerde çalışmıştı. İttihat ve Terakki'nin İzmir mesul kâtibi (yani bölge sekreteri) iken böyle konularda tecrübeler edinmişti. Bankacılığı bu şekilde uygulamalı olarak tanıması çok önemliydi. Fakat mesele, kapitalist ruhlu olmak falan değil, işi bilmektir. Zira o dönemdeki bir sürü kapitalist ruhlu kişi işi bilmez; bütçeden, para hareketlerinden haberi yoktur ki bir bankacının bunları bilmesi lâzım. Celal Bey sakin bir adamdır ve hırçın değildir. Kin tuttuğu da görülmemiştir. Sadece işine bakar, yani işine yarayanı yanı başında tutar, işine yaramayanı da uzaklaştırırdı. Mesela kabineyi kurarken bir kişi hariç İsmet Paşa kabinesini aynen almıştır. O tek kişi de Refik Saydam'dır. Refik Saydam sadece İsmet Paşa ile çalışabileceğini söyleyerek kabineye girmeyi reddetmiştir.

Atatürk döneminde
İktisat Vekili ve
Başvekil olarak görev
yapan, çok partili
hayata geçişten sonra
ise Türkiye'nin üçüncü
Cumhurbaşkanı olan
Celal Bayar.

Celal Bayar (2)

Atatürk, Celal Bayar'a güvenirdi. İttihatçı diye ona düşman değil, hatta onu tanıyor. İşleri doğru şekilde yürütüyor ki kendisine "idare-i maslahatçı" deniyor. Bu kötü bir anlamda söylenmiyor, maslahata uygun hareket ettiği ifade ediliyor. Zaten iktidar olduğu dönemde bu hep böyledir. Çevresine, dostlarına ve asıl partisi İttihat ve Terakki'ye vefalı biridir; İttihatçı liderlerine ve üyeliğine sadakati vardır. Yine de Atatürk her konuda, hem sırdaş olarak hem de başarı noktasında Celal Bayar'a itimat ediyor. Evet, İsmet Paşa Atatürk'ü sever, sonuçta hem silah hem dava arkadaşıdır ama Celal Bayar'da da müthiş bir Atatürk sevgisi olduğuna inanıyorum. Nitekim muhafazakâr reyleri alan bir devlet adamının, Türkiye'nin o dönemdeki şartlarında Atatürk için "Seni sevmek bir ibadettir!" demesi kolay bir iş değil. Bunu söylerken amacı Atatürk'ü ilahlaştırmak değil herhalde, onu sevmenin önemli ve değerli bir şey olduğunu belli etmeye çalışıyor.

Atatürk, Celal Bayar,
Afet İnan ve beraberindekiler
yelken yarışlarını izlerken...
(Temmuz 1935).

Giresunlu Topal Osman Ağa

Millî Mücadele'de iç isyanlar da çıkmıştı. Keza Rum çetelerinin ve Yunan kuvvetlerinin saldırıları da... Hiç şüphesiz ki onları bastıran insanların yapıları üzerinde durmak lazımdır. Bunlar arasında Ethem ve Giresunlu Osman Ağa (Topal Osman) çok kuvvetliydiler. Çetelerindeki militanların da halka karşı tutumları farklıdır. Mesela, Osman Ağa daha püriten ve düzenli bir ilişki taraftarıdır. Ordu kurulunca bu zümreler tasfiye edildi. Ama Osman Ağa'nın kuvvetleri Millet Meclisi'nin o günden sonraki ilk muhafız birliği oldu. Osman Ağa Giresunludur, Balkan Harbi'ne gönüllü gitmiş ve orada dizinden yaralanıp "Topal" lakabını almıştır. Birinci Dünya Savaşı'nda, Doğu Anadolu'da Ruslara karşı savaştı. Enteresan bir kişilik olduğu açıktır. Giresun'u merkez tutarak, Rumların "Pontus" dedikleri Karadeniz havalisinde Trabzon'dan Samsun'a kadar olan sahada direnişi örgütlemiştir. Kendisini belediye başkanı ilan ettiği de olmuştur. Birinci Dünya Savaşı sonrasında eşkıyalık yaptığı ve kanunları hiçe saydığı iddiasıyla hakkında yakalama kararı çıkarılmıştı.

Bunlarla beraber hiç şüphe yok ki, Mustafa Kemal Paşa'ya ve Millî Mücadele'ye büyük katkısı vardır. Bir ara Kâzım Paşa'nın emrine dahi girmiştir. Topal Osman Ağa millî muhafız kıt'alarının, saray meclis kıt'alarının başıdır; ilk komutan odur. İdaresindeki Giresunluları ve Karadenizlileri ile savaşın içinde her yerdedir. Ayrıca çok enteresan savaş teknikleri vardır. Mesela askerlerin katiyen zorla gıda almaları, mahallî halkı rahatsız etmeleri veya açıktan açığa meyhane ve çevrenin eğlence yerlerine gitmeleri yasaktır. Topal Osman'ın böyle de bir özelliği vardı; disiplin ve asayiş bakımından fevkalade dikkatliydi. Yani yerli halkı rahatsız etmiyor, gayrimüslim bile varsa oralarda, ki var, dikkat ediyor. Ama onun dışında kendisi Pontusçularla harb sırasında neler yaptı, o ayrı bir fasıl. Yunanistan'da adı nefretle anılır, dizilerde, fimlerde, halk şarkılarında kendisinden kötü bahsedilir. Ali Şükrü Bey cinayetinin sorumlusu olarak görülmüş ve daha sonra adı Cumhurbaşkanlığı Muhafız Alayı ile özdeşleşecek olan İsmail Hakkı Tekçe tarafından öldürülmüştür. Mezarı Giresun Kalesi'ndedir.

Börekçizâde Rifat Hoca

Millî Mücadele'de din adamlarının rolü zaman zaman konuşulan, tartışılan bir konudur. İstanbul merkezli dinî makamların Atatürk ve Millî Mücadele aleyhinde pek çok şey yaptıkları, düşman uçaklarıyla fetva dağıttıkları vs. bilinen şeyler. Nitekim İstanbul Hükûmeti'nin bünyesindeki şeyhülislamlık makamının meşhur bir fetvası vardı. Dönemin şeyhülislamı Dürrizâde bu fetvasında Millî Mücadele'nin din karşıtlığı olduğunu imâ etmişti. Bunun üzerine bir "Ankara Fetvası" yayımlanmıştı. Fetvada Anadolu'da görev yapan 153 müftünün imzası vardı. 24 Nisan 1920 tarihinde yayımlanan Ankara Fetvası'nın başını çeken isim; Ankara'nın yerlilerinden olan şehrin müftüsü Mehmet Rifat Börekçizâde Hoca, İstanbul Hükûmeti tarafından görevden alınmış, ardından da idama mahkûm edilmişti. Doğrusu Rifat Börekçizâde hem Kurtuluş Savaşı'na hem de Mustafa Kemal Paşa'ya önemli desteklerde bulunan bir kişiydi. Paşa tarafından hürmet edilen bir din adamıydı. Çok kısa bir dönem milletvekilliği de yapmış, ardından 1924'te Türkiye Cumhuriyeti'nin ilk Diyanet İşleri Başkanı olmuştu.

Börekçizade Rıfat Hoca hem Kurtuluş Savaşı'na hem de Mustafa Kemal Paşa'ya önemli desteklerde bulunan bir kişi ve Mustafa Kemal Paşa tarafından hürmet edilen bir din adamıydı.

Elmalılı Hamdi Yazır

Elmalılı Hamdi hem Osmanlı'nın son döneminde hem de Türkiye Cumhuriyeti'nin ilk döneminde yaşamış önemli ve unutulmaz bir din âlimidir. Çok iyi bir eğitim aldığını söylemeliyiz. Arapça ve Farsçaya oldukça hâkimdir, bunun yanında Fransızca da bilmektedir. İslami ilimlerde ileri seviyede, felsefe okumuş, kadılık yapmış. Elmalılı Hoca "dirayet tefsiri" denen usulü ve niteliğiyle tanınır. Gerçekten bu, klasik tefsirin dışında, muasır bilimler, felsefi akımlar ve sosyolojik gözlemlere yakınlıkla edinilmiş bir öğreti ve tefsir usulüdür. Devrin özelliklerinden dolayı siyasetten de pek uzak duramamıştır. II. Meşrutiyet döneminde İttihatçılığa yakınlığı olan çevrelerdendir. Mesela bir İttihatçılık geçmişi var ama Hürriyet ve İtilaf'ta da bulunmuş. Hatta Damat Ferit kabinelerinden birinde Evkaf Nazırı olarak görev yapmış ki, bu nedenle Cumhuriyet döneminde İstiklâl Mahkemeleri'nde yargılanıyor. 1942 yılında kalp yetmezliğinden vefat eden Hamdi Yazır'ın Türk tarihi için önemi ise meşhur eseri *Hak Dini Kur'an Dili* yani Kur'an-ı Kerim'in Türkçe tefsiri kitabıdır. Kitap, bizzat Atatürk'ün isteğiyle çalışılmış ve uzun bir süreçte hazır hale getirilebilmiştir. Günümüzde de en güvenilir Kur'an tefsiri olarak kabul edilmektedir. Tıpkı diğer bir önemli çalışması olan Kur'an meali gibi...

Elmalılı Hamdi Yazır meşhur eseri "Hak Dini Kur'an Dili"ni (yani Kur'an-ı Kerim'in Türkçe tefsirini) bizzat Atatürk'ün isteğiyle hazır hale getirmişti. Bu çalışma günümüzde bile en güvenilir Kur'an tefsiri olarak kabul edilmektedir.

Mehmed Akif

"Korkma sönmez bu şafaklarda" diye başlayan kıtaları Mehmed Akif Bey, millî marş diye yazmadı. Bir yarışma açıldı. Yarışmaya gelen şiirlerin çoğu beğenilmedi. Orada Maarif Vekili Hamdullah Suphi Bey "Efendim bu şiirleri bırakın. Buna layık olan Mehmed Akif Bey" dedi. Sonra ona sormadan çıktı, kürsüde okudu. Alkış, gürültü koptu. 500 lira mükafat koymuşlar, ki o zaman için gayet yüksek bir para. Mehmed Akif parayı, reddetmeye kalktı. "Edemezsin" dediler. İstiklâl Marşı çok büyük edebî bir metindir. Çok derin bir felsefesi, derinliği vardır. Keza yine Akif'in yazdığı *Çanakkale* şiirinde, yani şehitlerin ardından yazdığı mersiye için dönemin en önemli insanlarından Süleyman Nazif "Allah'ın şehitleri olduğu gibi, şairleri de vardır" demiştir. Mehmed Akif dindarlığın, dürüstlüğün ve millî hissiyatın kendisinde vücut bulduğu, çok büyük bir adamdı. Bu ifadeyi Nazım Hikmet; "Akif inanmış adam, büyük adam" diye özetlemiştir. Millî Mücadele dönemindeki katkıları da unutulmazdı.

Mehmed Akif (Ersoy) Milli Mücadele dönemi boyunca gerek yazılı gerekse sözlü ifadeleri ile Türk halkına umut ve cesaret aşılamıştı.

Goltz Paşa (Colmar von der Goltz)

Colmar von der Goltz, Osmanlı ordusunda uzun yıllar danışman olarak hizmet verdi, dil öğrendi; bilgisi çok takdir edilirdi. Almanya ile silah ticaretinde önemli rol oynadı, dâhili politikaya da karışmaktan geri kalmadı. 1883 yılında İstanbul'a gelen von der Goltz Paşa Harbiye ve bilhassa Erkân-ı Harb sınıflarındaki talebeleri umulmadık derecede bilgili bulmuştu: "Topçu sınıfı âdeta yarı mühendisti. Coğrafya ve strateji bilgileri, mekanik üzerindeki teorileri adamakıllı gelişkindi. Lakin uygulamalı eğitim ve tatbikat için aynı şey söylenemez" diyordu. Oysaki Goltz'ün yetiştiği Alman askerî sisteminde günlük talim ve tatbikatın yapılması elzemdi. Bu nedenle Osmanlı ordusunda uygulamalı eğitime ve manevralara çok önem verdi. Bu yönüyle bilhassa Türk kurmaylarını çok etkiledi. Ne var ki Esat Paşa, İsmet Bey, Ali Fuat Bey, Kâzım Karabekir Bey, Mustafa Kemal Bey gibi subaylar Alman askerlik bilgisini açıkça takdir etmekle birlikte Alman taraftarı değillerdi ve Alman askerî sistemine sempatilerini fazla abartmadıkları açıktı.

Birinci Dünya Savaşı başladığında Osmanlı ordusunda bir kez daha görev yapmaya başlayan Goltz Paşa 1915 yılı sonlarında Irak mıntıkasındaki ordunun komutanlığına atanmıştı. Ancak başta Miralay (Albay) Nureddin Bey (Sakallı Nureddin Paşa) olmak üzere, emrindeki Türk subay ve komutanlarla geçinememişti. Hatta Batı literatüründe kendisinin Kûtü'l-Amâre'deki muharebeler sırasında tifüsten ölmediği, subaylar tarafından zehirlendiği bile iddia edilir. Irak Cephesi'nde yaklaşık otuz yıl önce ıslah çalışmalarına başladığı Osmanlı askerî sisteminin seçkin simalarından erkân-ı harb miraylları yani kurmay albaylar Kâzım Karabekir Bey, Ali İhsan Bey (Sabis) ve Halil Bey (Kut) ile yakın bir mesai yaptı. Halil Bey Enver Paşa'nın küçük amcasıydı. Şu kadarını söylemek gerekir; Goltz Paşa ile iyi geçinirdi. Goltz Paşa, Halil'i Nureddin'e karşı kışkırtmakla beraber kendisine sanıldığı kadar kulak asılmamıştır. 19 Nisan 1916 tarihinde 73 yaşında olduğu halde vefat etmişti. Vasiyeti üzerine Tarabya'daki Alman yazlık elçiliğinin bahçesine defnedilmiştir.

Bruno Taut

Bruno Taut 4 Mayıs 1880'de, Königsberg'de doğmuştu. Yahudi bir ailenin çocuğu olarak tahsili pratiğe yönelikti. Teknik lisede okudu. Almanya Mimar Akademisi'nde kariyer değil ama hocalık yaptı; çünkü başarılı bir tasarımcıydı. Berlin onun eserleriyle doludur.

Savaştan sonra barışı savunan görüşleri ve Sovyet Rusya'daki yeni yapılanmayı mesleği açısından önemli gördüğünden oraya gidip bir süre yaşadı. Bu ilk ziyaret onun ileride Naziler tarafından "Kültür Bolşeviği" olarak anılmasına ve imha listesine konulmasına neden olacaktır. Türkiye'ye gelmeden önce Almanya'dan kaçıp Japonya'ya sığındı. Bu dönemin onun mimarisinde sade nitelikli Japon eserlerinin güçlü etkisini yarattığı açıktır.

Bununla beraber ikamet etmekten çok memnun olduğum üç yerin üçünde de Taut'un imzası vardır. Birincisi, liseyi okuduğum Ankara Atatürk Lisesi. Bu bina, Bruno Taut'un mimarisindeki sadelik ve fonksiyon zenginliğinin ne kadar güçlü ortaya konduğunu gösteriyordu. Daha da önemlisi, binanın girişindeki salonun, insanın sıradan bir dünyaya girmediğini her zaman için anlatmasıdır.

İkincisi, yine okuduğum ve hatta çocukluğumdan beri yakından bildiğim Dil ve Tarih-Coğrafya Fakültesi'dir. Her köşesi, koridorların ışığına ve hatta iç galerilerde bazı heykellerin teşhirine kadar hesaplanmıştır. Merdivenleri ise bir akademik azametin, âdeta Valhalla'ya girip çıkan tanrıların havasını verirdi. Ortaköy Emin Vafi Korusu'ndaysa yine Taut'un Japon pagodası tarzındaki evinin komşusu oldum.

Bruno Taut Türkiye'deyken çalışmalarını bazı politikacıların desteğiyle gerçekleştirebildi ama Sovyetler Birliği'ne de dönmek istiyordu. Bazı tenkitlerini insanlar tutmamış olabilir. Hocalık yaptığı güzel sanatlar atölyesindeki eğitimi de aynı şekilde beğenmiyordu. Bununla birlikte Türkiye'ye önemli bir mimari ders kitabı bıraktı.

Büyük Önder'in naaşı Ankara'ya nakledilirken Taut, Etnografya Müzesi'ndeki katafalkı yapmakla görevlendirildi. Kasım ayında katafalkı hazırlarken koşuştu, terledi ve üşüttü. Zatürre olup 24 Aralık 1938'de İstanbul'da vefat etti. Edirnekapı Şehitliği'ne defnedildi: Kendine bağlılık gösteren bir mülteci mimara aynı derecede yakınlıkla cevap vermek şüphesiz ki âlicenaplıktır. Berlin gibi Ankara ve İstanbul'da da eserleri vardı. Ölümünden sonra bitirilen Dil ve Tarih-Coğrafya Fakültesi gibi Atatürk'ün emriyle kurulan ve onun tasarımı ile başlayıp ilerleyen Türk tarihinin bu eserine fakülte 1940'ta taşındı.

İndeks

C-Ç

D

E

K

L

M

T

U

V

Y

Z

İLBER ORTAYLI

1947 yılında doğdu. İlk ve orta öğrenimini İstanbul ve Ankara'da tamamladı. Ankara Atatürk Lisesi'nden mezun oldu. Ankara Üniversitesi Siyasal Bilgiler Fakültesi (1969) ile Ankara Üniversitesi Dil ve Tarih-Coğrafya Fakültesi Tarih Bölümü'nü bitirdi. Viyana Üniversitesi'nde Slavistik ve Orientalistik okudu. Chicago Üniversitesi'nde yüksek lisans çalışmasını Prof. Dr. Halil İnalcık ile yaptı. *Tanzimat Sonrası Mahalli İdareler* ile doktora derecesi, 1979'da *Osmanlı İmparatorluğu'nda Alman Nüfuzu* çalışmasıyla da doçent unvanı aldı. 1983'te istifa etti. Viyana, Paris EHESS, Kudüs, Oxford, Berlin ve Moskova üniversitelerinde misafir öğretim üyeliğiyle birlikte seminerler ve konferanslar verdi. Yerli ve yabancı bilimsel dergilerde Osmanlı tarihinin 16.-19. yüzyılı ve Rusya tarihiyle ilgili makaleler yayımladı. 1989'da Ankara Üniversitesi Siyasal Bilgiler Fakültesi İdare Tarihi bilim dalı başkanı olarak göreve başladı. Bilkent Üniversitesi'nde öğretim üyeliği yaptı. 2005-2012 yılları arasında Topkapı Sarayı Müzesi Başkanlığı görevini sürdürdü. 2002-2014 yılları arasında Galatasaray Üniversitesi Hukuk Fakültesi'nde Hukuk Tarihi bilim dalı başkanlığı yapan Ortaylı, hâlen bu üniversitede ve Medipol Üniversitesi'nde öğretim üyesi olarak ders vermeye devam etmektedir. Kendisiyle Almanca, İngilizce, Fransızca, Rusça yazışmak mümkündür. Ortaylı ayrıca Uluslararası Osmanlı Etüdleri ve Avrupa İranoloji Cemiyeti üyesi, Rusya Federasyonu Bilimler Akademisi Şarkiyat Şubesi onursal profesörü ve Bosna Hersek, Makedonya ve Karadağ Bilim ve Sanat akademileri üyesidir.